本书是教育部人文社会科学研究青年基金项目"当代大学生的保护性价值观及其对行为决策的影响研究"的研究成果（项目批准号：13YJCZH267）

中/青/文/库　　本书得到中国青年政治学院出版基金资助

当代中国大学生的保护性价值观研究

赵　雷◎著

中国社会科学出版社

图书在版编目（CIP）数据

当代中国大学生的保护性价值观研究/赵雷著. —北京：中国社会科学
出版社，2015.5
ISBN 978 – 7 – 5161 – 5759 – 6

Ⅰ.①当…　Ⅱ.①赵…　Ⅲ.①大学生—思想政治教育—研究—中国
Ⅳ.①G641

中国版本图书馆 CIP 数据核字（2015）第 059102 号

出 版 人	赵剑英
责任编辑	李炳青
责任校对	周　昊
责任印制	李寡寡

出　　　版	中国社会科学出版社
社　　　址	北京鼓楼西大街甲 158 号
邮　　　编	100720
网　　　址	http：//www.csspw.cn
发 行 部	010 – 84083685
门 市 部	010 – 84029450
经　　　销	新华书店及其他书店

印刷装订	北京金瀑印刷有限责任公司
版　　　次	2015 年 5 月第 1 版
印　　　次	2015 年 5 月第 1 次印刷

开　　　本	710×1000　1/16
印　　　张	12.5
插　　　页	2
字　　　数	210 千字
定　　　价	45.00 元

《中青文库》编辑说明

中国青年政治学院是在中央团校基础上于 1985 年 12 月成立的，是共青团中央直属的唯一一所普通高等学校，由教育部和共青团中央共建。中国青年政治学院成立以来，坚持"质量立校、特色兴校"的办学思想，艰苦奋斗、开拓创新，教育质量和办学水平不断提高。学校是教育部批准的国家大学生文化素质教育基地，中华全国青年联合会和国际劳工组织命名的大学生 KAB 创业教育基地。学校与中央编译局共建青年政治人才培养研究基地，与北京市共建社会工作人才发展研究院和青少年生命教育基地。

目前，学校已建立起包括本科教育、研究生教育、留学生教育、继续教育和团干部培训等在内的多形式、多层次的教育格局。设有中国马克思主义学院、青少年工作系、社会工作学院、法律系、经济系、新闻与传播系、公共管理系、中国语言文学系、外国语言文学系等 9 个教学院系，文化基础部、外语教学研究中心、计算机教学与应用中心、体育教学中心等 4 个教学中心（部），轮训部、继续教育学院、国际教育交流学院等 3 个教学培训机构。

学校现有专业以人文社会科学为主，涵盖哲学、经济学、法学、文学、管理学 5 个学科门类。学校设有思想政治教育、法学、社会工作、劳动与社会保障、社会学、经济学、财务管理、国际经济与贸易、新闻学、广播电视学、政治学与行政学、汉语言文学和英语等 13 个学士学位专业，其中社会工作、思想政治教育、法学、政治学与行政学为教育部特色专业。目前，学校拥有哲学、马克思主义理论、法学、社会学、新闻传播学和应用经济学等 6 个一级学科硕士授权点和 1 个专业硕士学位点，同时设有青少年研究院、中国马克思主义研究中心、中国志愿服务信息资料研究中心、大学生发展研究中心、大学生素质拓展研究中心等科研机构。

在学校的跨越式发展中，科研工作一直作为体现学校质量和特色的重要内容而被予以高度重视。2002年，学校制定了教师学术著作出版基金资助条例，旨在鼓励教师的个性化研究与著述，更期之以兼具人文精神与思想智慧的精品的涌现。出版基金创设之初，有学术丛书和学术译丛两个系列，意在开掘本校资源与移译域外菁华。随着年轻教师的剧增和学校科研支持力度的加大，2007年又增设了博士论文文库系列，用以鼓励新人，成就学术。三个系列共同构成了对教师学术研究成果的多层次支持体系。

十几年来，学校共资助教师出版学术著作百余部，内容涉及哲学、政治学、法学、社会学、经济学、文学艺术、历史学、管理学、新闻与传播等学科。学校资助出版的初具规模，激励了教师的科研热情，活跃了校内的学术气氛，也获得了很好的社会影响。在特色化办学愈益成为当下各高校发展之路的共识中，2010年，校学术委员会将遴选出的一批学术著作，辑为《中青文库》，予以资助出版。《中青文库》第一批（15本）、第二批（6本）、第三批（6本）出版后，有效展示了学校的科研水平和实力，在学术界和社会上产生了很好的反响。本辑作为第四批共推出12本著作，并希冀通过这项工作的陆续展开而更加突出学校特色，形成自身的学术风格与学术品牌。

在《中青文库》的编辑、审校过程中，中国社会科学出版社的编辑人员认真负责，用力颇勤，在此一并予以感谢！

目　　录

第一章　绪论

第一节　当今中国社会面临的巨大挑战

一　社会整体道德滑坡

2010 年，历经 30 多年的发展，中国的 GDP 首次超过日本，成为世界第二大经济体。在中国的经济建设取得举世瞩目的巨大成就的同时，中国的社会管理、民众的素质和道德水平是否也达到了令人满意的高度？答案并不能令人满意。2012 年两会期间，新华网、人民网等媒体联合开展了关于"社会道德状况"的调查问卷，结果显示，超过 80% 的受访者认为社会道德水准"在下降"。中国经济的高速发展并没有带来中国民众素质和道德状况的同步提高，反而社会整体的道德水准在不断下降，道德失范现象越来越多。先来看几个典型事例。

事例一："三鹿奶粉"事件。2008 年，"三鹿奶粉"问题的曝光，揭开了中国乳制品行业的黑幕，让中国的食品安全问题触目惊心地暴露在民众面前。"三鹿奶粉"事件让数以万计的婴幼儿承受着病痛的折磨，给众多家庭带来了沉重的灾难，造成了严重的社会影响。然而这仅仅是食品行业问题的冰山一角，随后媒体还陆续曝出了从地沟油到洗衣粉炸出的油条、用硫黄熏白的银耳、瘦肉精问题、矿物油抛光的大米，再到染色馒头、牛肉膏、毒豆芽……屡屡发生的食品安全问题已经深深动摇社会大众最基本的消费信心。

事例二："小悦悦"事件。2011 年，一名 2 岁女童王悦（乳名"小悦悦"）在阴雨天黑夜独自跑出家门百米外后，先后被两辆汽车撞伤倒地，最初路过的 18 名行人未及时施救，直到第 19 名路人才救起小悦悦，随后被送往医院急救，但最终小悦悦经抢救无效离世。这次事件引来了国内外舆论对中国国民素质现状的质疑。中华民族自古以来就有

"助人为乐"的传统美德，但在小悦悦事件中，中国传统文化中所蕴涵的传统美德在中国民众身上已经荡然无存。

事件三：浙江兰溪污染事件。2013 年，据中国青年网报道，浙江兰溪一村庄 127 人氟中毒、84 人患癌症，村里剩余 600 亩土地中有 200 多亩良田，120 多亩地已无法耕种，恢复需要上百年。据初步统计，从 1985 年至 2012 年，村里患氟骨病的有 127 人，患呼吸系统疾病的有 54 人，患老年痴呆的有 6 人，患癌症的有 84 人。而且，1995 年后患癌并致死的比例更高。距离村庄不远的浙江华东铝业公司，是中国有色金属行业 50 强重点企业、浙江省唯一属于国家允许和鼓励的铝冶炼生产企业、华东地区最大的有色金属冶炼加工企业之一，生产铜、铝等产品。类似这样的环境污染事件仅仅是中国当前环境问题的冰山一角。据统计，仅 2010 年前 11 个月，国家环保部受理的环境污染案件就达 1469 件，其中不乏福建紫金矿业有毒废水泄漏、大连输油管道爆炸、安徽血铅超标等民众强烈关注和影响广泛的案例。可以说，环境污染问题已经成为当前中国经济发展面临的头号难题。2009 年，时任国务院总理温家宝曾提出企业要承担社会责任，企业家要流淌着"道德的血液"。但现实情况仍然是多数企业家身上流淌的是"金钱的血液"。

以上的三个事例仅仅是当前中国社会面临问题的冰山一隅，可以说在当前的中国社会这样的事情不胜枚举，中国社会的道德底线也是一降再降。2011 年 4 月 20 日，新华网刊登了一篇来自《国际先驱导报》的文章，题目叫"寻找底线"。文章详细列举了当前中国社会面临的问题。文章中写道："底线是最低标准，是最起码要遵循的规则，是逾越之后需付出巨大代价的最后屏障。如果不是到了关键时刻，应该很少有人会去讨论'底线'问题。然而不幸的是：近年来，这两个字却频频出现在公众视野，当道德、规则甚至法律通通被无限度地破坏和践踏，中国社会俨然已经迎来了必须深刻反思的'底线时分'。""'食品加工车间里垃圾遍地，污水横流。腐烂的猪肉被搓上苏打粉去除酸臭味；毒死的老鼠被一同铲进香肠搅拌机；洗过手的水被配制成调料；工人们在肉上走来走去，随地吐痰，播下成亿的肺结核细菌……'这是 100 年前，美国作家厄普顿·辛克莱在著名的《屠场》一书中所描述的场景。然而这样的事情却真实地发生在我们的身边：三鹿倒下了，'皮革奶'、染色馒头又横空出世；拒绝了苏丹红，瘦肉精又开始扬名立万；河南的

'健美猪'被曝光了，'化妆猪'又在重庆站了起来；山西黑砖窑工人被解救了，安徽、新疆又出现了现代'包身工'。""也就是在这样的大环境下，我们看到，在今天的中国，几乎所有的职业底线都在全面下滑，各行各业，无一幸免——养猪户在饲料里添加瘦肉精，奶农往牛奶里掺杂三聚氰胺；曾经是人间天使的医生，收取红包已成常态并对自己的行为振振有词；商人坑蒙拐骗，大生意大忽悠，小买卖小骗局；知名学府教授公开以金钱'励志'，要求其研究生 40 岁时没有 4000 万身家'不要来见我'；记者编造新闻，甚至涉嫌欺诈的事件也偶见报端；科学家为利益忘却良知，左手拿着国家的科研基金右手帮助自己担任董事长的企业捞钱；IT 公司为竞争在用户电脑屏幕上争吵不休……人人都是破坏者，才有了社会的千疮百孔，底线的道德摇摇欲坠。"当前中国社会面临的种种问题和巨大挑战，已经成了政府管理者、学者和普通民众都不得不面对的现实问题，这需要包括社会心理学研究者等在内的各领域人员的共同努力来寻求对策并加以解决。

二 大学生价值观迷失

大学生是祖国的未来，也是国家未来建设的主力军，其道德和价值观状况直接影响着整个社会未来的道德走向和价值取向。作为受到高等教育的社会精英群体，大学生的个人素质理应高于社会的其他群体，其道德和价值观状况更应成为社会的表率。但实际情况却并非如此。先看几个事例。

事例一：药家鑫事件。2010 年，西安音乐学院学生药家鑫驾驶一辆红色雪佛兰小轿车行驶至西北大学西围墙外时，撞上前方同向骑电动车的 26 岁女工张妙。药家鑫下车查看，发现张妙侧躺在地上，发出呻吟声，想记下车牌号。"（当时）天太黑，我不清楚她伤的程度，心里特别害怕、恐慌，害怕她以后无休止地来找我看病、索赔。"想到"农村人难缠"，药家鑫索性从随身带的包中取出一把单刃刀，向张妙连捅数刀。张妙当场死亡，后经法医鉴定：她系胸部锐器刺创致主动脉、上腔静脉破裂大出血而亡。药家鑫随即驾车逃离，而当他行至另一路口时，又将两个行人撞伤，并被附近群众抓获。对于药家鑫的残忍做法，民众进行了一边倒的声讨，并引发了对大学思想道德教育的反思和质疑。

事例二：复旦大学舍友投毒事件。2013 年，上海复旦大学上海医学院研究生黄洋遭他人投毒后死亡，经警方侦查确认犯罪嫌疑人为被害人的舍友，犯罪动机为因生活琐事与被害人不和，心存不满，经事先预谋，将其做实验后剩余并存放在实验室内的剧毒化合物带至寝室，注入饮水机水槽。由于该案件发生于大学校园，并且犯罪嫌疑人为被害人的同宿舍同学，因而此事件引发舆论的广泛关注。随后几天，媒体还接连曝出江苏、江西三所高校竟接连发生命案。频发的高校凶案新闻刺激着广大网友，网友们纷纷在微博上表示："感谢舍友不杀之恩"。本应亲如兄弟的大学舍友，仅仅因为一些生活琐事就投毒杀人，的确令人难以理解，也折射出当前大学生群体之间存在的问题以及学校管理教育的缺位。

事例三：层出不穷的女大学生包养事件。女大学生被"包养"，已经不是什么新闻。2009 年，武汉女大学生晒"包养"身价引发社会争议；2013 年，上海女大学生包养价格又被媒体曝光，上海外国语大学每年生活费是 8 万—13 万，上海大学每年生活费是 7 万—10 万，上海理工大学生活费 6 万—9 万，上海师范大学生活费 5 万—8 万。而最便宜的只需 2 万一年。最惊人的还要数"广州一女大学生被曝包养协议书"事件，协议书中清楚地列出了若大款要包养她必须交换的条件细则。种种荒唐事件的出现提醒我们，女大学生包养事件在某种程度上已经不是个别事件，很可能在某些地区、学校已经成为了一个普遍现象。对于这一现象，专家、网友也分别表达了不同的看法。有的认为"争有钱的对象没错"，有的则认为"被'包养'很可怜，积极对待人生，生活才有价值"。

在以上的事例中，作为天之骄子的大学生，既存在法律意识淡漠、法制观念不强的问题，同时也存在道德素质低下、价值观迷失的问题。特别是后者，在当代大学生中普遍存在。有研究者曾系统总结了大学生价值观迷失的主要表现：包括奋斗目标的迷失；实用主义泛滥、做人标准的迷失；个人主义蔓延和生活意义的迷失；享乐主义盛行（郑雅维、赵伟，2010）。与法律意识淡漠、法制观念不强相比，价值观的迷失对大学生的危害更大，影响时间更长。因为，法律意识淡漠、法制观念不强还可以通过加强法制学习尽快加以弥补，但价值观迷失却绝非一朝一夕就能解决的。价值观一旦形成就具有相对的稳定性，短时间内难以得到明显改变，而且价值观与文化、社会环境关系密切，仅仅通过单一的渠道和方法也很难产生明显的效果。正因为如此，大学生价值观迷失的问题更应该引起全社会的关注和重视。

第二节　破解当前中国社会困境的基本思考

一　价值观的解释视角

应该说，造成当前中国社会底线缺失的原因是多方面的，既有法律法规不健全的原因，又有政府管理缺失的原因。特别是在大学生群体中，《思想道德修养与法律基础》《思想政治教育》等课程更是大学生的必修课程，在如此高度重视大学生思想政治教育的今天，为什么大学生群体仍然存在如此多的行为失范问题。一个重要的原因是：外在的社会要求和道德规范并没有内化到人们的价值观念体系中来指导人们的行为。心理学中的社会化理论已经告诉我们，外在的社会影响只有通过个体不断地选择和建构，并形成社会所认可的心理—行为模式，个体才能成为真正意义上的人。北京大学社会学系教授夏学銮（2011）也认为："传统的价值观，比如'以义为本、以利为末；以人为本、以财为末'，本是中国传统价值观中所恪守的，但在市场经济社会，义利观却完全颠倒，变成了'以利为本、以义为末；以财为本、以人为末'。正是这种颠倒的义利观使人们的道德底线基本沦丧"。在第一节中列举的"三鹿奶粉"事件中，正是因为奶农们对婴幼儿生命健康价值的漠视，才导致其在奶源中非法添加三聚氰胺，以次充好；正是因为奶粉生产企业缺少对食品安全价值的重视，才导致企业放弃对奶源安全的监管责任，让不合格的奶源进入生产环节。在小悦悦事件中，正是因为缺少对中国传统美德"助人为乐"的坚守和保护，才导致如此多的路人漠视一名2岁幼童倒在血泊中，最终使其丧失生命。在环境污染事件中，也正是因为污染企业过度追求和重视经济效益，而漠视民众的生命和身体健康的价值，才导致企业敢于肆无忌惮随意排污；所有事例都彰显出树立正确价值观的重要性。

价值观是人们对事物重要性的评价和看法，对行为具有重要的导向作用。它是一个民族、一个国家、一个社会、一个人长期形成的一整套根本原则，从终极意义上决定事物的走向与成败。价值观就如同精神之

"钙"，如果缺少了价值观，无论是国家还是个人，都难以立足。因此，教育和引导包括大学生在内的社会民众树立积极向上的价值观念，是破解当前中国社会困境的基本途径。为此，党的十八大报告提出"倡导富强、民主、文明、和谐，倡导自由、平等、公正、法治，倡导爱国、敬业、诚信、友善，积极培育和践行社会主义核心价值观"，从国家、社会和个人三个层面引导民众积极培育和践行社会主义核心价值观。

二　本书的解释视角——保护性价值观

在学界，价值观是一个多学科的研究对象，包括哲学、社会学、人类学、政治学、经济学、教育学、历史学、心理学等众多人文和社会学科对价值观问题都有自己的理解。价值观存在不同的类型，不同类型的价值观对行为的影响作用也不一样，这已经成为了学界的共识。如价值观存在核心价值观和外围价值观、主要价值观和次要价值观等分类，并且核心价值观和主要价值观对人的影响作用要大于外围价值观和次要价值观。心理学的研究发现，在人类的价值观念体系中存在着两类价值：一类是可交易的价值，另一类是不可交易的价值（Baron & Spranca，1997；Tetlock，2003；Tanner & Medin，2004）。对于前一类价值观来说，总有一定量的另一种价值可以与它大体对等，此时人们便可以在这两种价值之间进行等价交换，如人们可以通过花费一定量的金钱和时间来获得知识和技术等。这一类价值观也是当前心理学研究最多的。而对于后一类价值观来说，无论存在多大的经济利益都不能将其进行放弃或交换，这一类价值观即为保护性价值观，如人的生命、健康、自然环境、正义等。对于这一类价值观，目前心理学的研究则相对薄弱和不足。

从保护性价值观的概念可以看出，保护性价值观即类似于日常提到的"核心和底线"。持有某种保护性价值观的群体和个体，很难将其与其他价值（特别是经济价值）进行交易。无论是在古代还是现代，都存在着大量能够体现出保护性价值观的人和事。如：中国古代的"苏武牧羊"故事，苏武宁愿"掘野鼠，去草实而食之"也不愿接受高官厚禄，违背自己的气节，显示出他对尊严气节的看重；在抗日战争和解放战争时期，无数共产党人为了民族解放和人类自由，甘愿抛头颅、洒热血，显示出他们对自由、解放的执着坚守；在当代，北京消防员刘洪

6

坤、刘洪魁用生命诠释责任；长江大学三名年轻的学子为救助落水儿童献出了自己年轻的生命；替子还债的信义老父亲吴乃宜，为了偿还三个儿子遗留下的 60 多万元债务，六年来，吴乃宜和老伴每天只吃两顿稀饭，从来没有买过肉，甚至连食用油都很少买；他们也没有添置过一件衣物，穿了几十年的衣服也缀上补丁再继续穿。守墓老兵陈俊贵 20 年来坚持为战友守墓，谱写了一曲可歌可泣的战友情……像这样重义轻利、舍生取义的例子不胜枚举。在面对金钱、名利、荣誉时，无数人坚守理想信念，坚持做人底线，淡泊名利，舍己救人，他们对核心价值和底线的坚守，正是社会主义核心价值观的完美体现。这也是应对当前中国社会巨大挑战，建设社会主义精神文明的必由之路。

　　大学生是国家的未来和希望，其价值观状况直接影响着社会整体的价值取向和未来走向。受经济利益的驱动和社会变革的影响，当代中国大学生是否仍然坚持中国传统文化中的核心价值观念？社会主义核心价值观念是否为当代中国大学生所认同和坚持？如果坚持，这些保护性价值观念如何影响大学生的决策和行为？其内在的心理机制是什么？基于这些问题，本书拟采用心理学的研究范式，通过系统的调查分析和严谨的实验设计，来描述当代中国大学生的保护性价值观及其特点，揭示其对大学生行为和决策的影响机制，并对解决和应对当前中国社会面临的巨大挑战提供思路和建议。

第二章　价值观与保护性价值观

第一节　价值观研究的历史演进

价值观是一个涉及多学科的研究对象，包括心理学、社会学、教育学、人类学、管理学等众多学科对价值观都有自己的理解、研究方法和路径。但其实在这些学科之前，更早关注价值议题的是哲学和哲学家。哲学研究价值问题，几乎是从哲学一诞生就已经开始的。从 19 世纪下半叶开始，价值哲学开始成为哲学的一个重要领域或分支。从哲学角度看，人类社会面对两种主要问题，一种是事实问题，一种则是价值问题。事实问题所研究的是"是什么"的问题，即探讨事物的必然性，而价值问题研究的是"为什么"的问题，即探讨事物的合理性。事实问题的答案一般只有一个，而价值问题的解决可能存在多种解释，也就是说，无论是个体、群体，还是一种文化都有自己对"合理性"的解释。一般认为，德国哲学家康德第一次将"价值"概念引入哲学，而从哲学家 Lotze 开始，价值论（axiology）就脱离了认识论关于"我们的理智是否能认识真理"这一永恒难题。价值论的提出使人们认识到，支配客观世界的判断标准是自然规律，而主观世界的判断标准则是价值。什么是"价值"？人们如何认识"价值"？围绕这些基本问题，研究者对价值观问题从不同学科进行了不同角度的研究。在本节中，主要对心理学领域中的价值观研究的历史脉络进行梳理，其他相关学科的研究则较少涉及。

一　国外价值观研究的历史演进

辛志勇（2002）认为，国外价值观的研究大体可以分为三个阶段：20 世纪 60 年代以前、20 世纪 70—80 年代初期和 20 世纪 80 年代以后。

　　第一阶段：20 世纪 60 年代以前——价值观研究的多元并存时期，最显著的标志是没有统领性的代表人物和代表性的理论构建。

　　Robinson，Shaver 和 Wrightsman（1990）曾认为，在这个阶段，虽然人们普遍认同价值观与人类活动的密切关联，但关于价值观的实证研究并没有一个统一的概念模式、理论模式和手段模式。而是开始时已各自从不同的观点出发，而后完全不能整合连接起来，形成一个累积性的知识领域（Smith，1969）。在这一时期，人们对于价值观的概念并没有形成统一的共识，这导致研究者在实际开展研究时，大多依据自己对价值观的理解来界定价值观的操作定义。如 Kluckhohn（1951）认为，价值观是一种外显或内隐的、关于什么是"值得的"的看法，它是个人或群体的特征，影响人们对行为方式、手段和目标的选择。Spranger（1928）则把价值观分为经济的、理论的、审美的、社会的、政治的和宗教的六种类型，在此基础上，Allport，Vernon，Lindzey（1960）编制出价值观研究量表（Study of Value），其实质测量的是个人的兴趣和偏好。Morris 认为，价值观是一种对理想生活方式目标的憧憬（杨国枢，1992），而且价值观不同，生活方式也会有所不同。因此，他将人们的价值观归纳为十三种生活方式，编制了生活方式问卷（ways to live questionaire，1956）。此问卷测量的明显是人们的生活方式。之所以出现以上对价值观的测量五花八门的现象，究其原因有两点：第一，虽然人们对价值观应该测量"值得的"东西达成了共识，但对究竟什么是"值得的"的内涵却没有一致的见解，研究者的解释从人们通常过什么样的生活方式或生活哲学与他人交往，到人认为世界应该是什么样子，采取了包罗万象的观点。这样，由于不能具体确认价值观所包含的成分，因此很难设计相应的操作化程序来进行系统的测题取样。结果导致大家都采用松散零乱的方法来测量价值观的几个维度，却很少说明为什么这些维度是价值观中最重要的。第二，由于价值观被公认为是概括化的而非具体的，是"概括化的结果"（Fallding，1965），"几乎独立于具体情境的"（Williams，1968），是"对普遍事物类别的抽象想法"（Katz & Stotland，1959）或者是"一般性的态度"（Bem，1970；Dukes，1955；Newcomb，Turner & Converse，1965；Smith，1963），因此，如何将抽象的概念落实到具体的实际测量过程中是个难题。是直接测量个体对一般性事物的态度反应，还是从个体对具体事物的态度倾向上推断得出，不同的研究者做法并不一致。

所以总结这个时期价值观研究的特点，我们可以得出以下几点结论：首先，在 60 年代前的相当长的时间内，人们对价值观的概念没有形成共识；其次，在 50 年代和 60 年代期间虽然逐渐有了概念的共识，但价值观的实证研究工作并没有完全按照这个共识来进行；再次，即便大家希望按照这个概念共识来进行研究，但由于对概念中的核心要素没有形成统一的认识，使得研究工作在取向上仍然无法获得一致；最后，即便对价值观的概念和概念中的核心要素都取得了共识，但在哪种工具更适于测量价值观的问题上仍然存在较大的分歧。所以纵观 60 年代前的价值观研究，总的来讲，是比较混乱的。这种混乱表现在除概念界定之外的几乎所有方面。

第二阶段：20 世纪 70—80 年代初期——价值观研究的初步整合时期，以 Rokeach 为主要代表。

Rokeach 是价值观研究进程中的一位重要人物，他的主要贡献表现在以下几个方面（Rokeach，1973）：第一，Rokeach 对以往的价值观研究进行了初步的整合，打破以往价值观研究的纷杂凌乱的局面。他认为价值观是一种持久的信念，是一种具体的行为方式或存在的终极状态，这种观点被认为对以往价值观概念的认知具有整合功能；第二，Rokeach 对价值观研究中最为难以辨别的两个概念即价值观和态度进行了深入探讨，认为价值观是比态度更为核心的构念，它影响态度并更加难以改变；价值观是指超越具体对象或情境的单个的、禁止性的、或规定性的信念，而态度则指针对具体对象或情境的许多信念的一个组织结构。第三，Rokeach 在综合别人的研究基础上，还认为，价值观与自尊之间有着密切的关系，即自尊是个体价值观得以发挥作用的重要中介。具体来讲，价值观是个体超我和理想自我的成分，如果自己所坚信的价值观念被违背，可能会引起个体产生内疚、羞愧、自我贬低、内向惩罚等心理变化，进而对行为产生影响或导致价值观念发生变化；第四，Rokeach 认为价值观是有层次地组织起来的，不仅仅只有一种层次的价值观念；第五，Rokeach 关于价值观终极性和工具性的分类改变了以往把价值观仅仅看作是"终极"的看法，认为像方式、手段、行为结果等本身就是一种价值观，并不是依据所谓"终极"价值观念而选择的行为及结果。这种分类的好处在于使人们更加清晰地划定了价值观的研究领域。总之，Rokeach 的研究使价值观研究的许多基本问题得以清晰化，在实证和理论研究方面都有很重要的奠基意义。

第三阶段：20 世纪 80 年代以来——价值观研究的深化阶段，以 Schwartz 为主要代表。

Schwartz 是 80 年代以来最著名的价值观研究者，他设想人类存在着具有普遍意义的、共性的价值观的心理结构。按照这一设想，Schwartz 发展出了"施瓦茨价值观量表"（Schwartz Value Survey，简称 SVS）。该量表包括 57 项价值观，分属于 10 个普遍的价值观动机类型（universal motivational types of values）。这 10 个价值观动机类型是权力（Power）、成就（Achievement）、享乐主义（Hedonism）、刺激（Stimulation）、自我导向（Self-Direction）、世界主义（Universalism）、仁慈（Benevolence）、传统（Tradition）、遵从（Conformity）、安全（Security）。Schwartz 非常强调价值观的动机功能，他认为价值观是目标的类型，或者目标所表达的动机内容。价值观需要满足以下五条标准：（1）价值观是一些概念或信念；（2）价值观是人们想要追求的终极状态或行为；（3）价值观是超越具体情境的；（4）价值观对行为或事件的选择和评价具有指导作用；（5）价值观是有层次的，它们根据相对重要性的不同进行排序（Schwartz，1992；Schwartz & Bilsky，1987）。此外，Schwartz 还特别重视价值观动态和整体的作用，他反对用单一的、不变的价值观来预测或解释行为，他认为个体的价值观是一个有联系的整体，是一个互相冲突、互相协调的动态运行的结构形态，用整体的价值观形态或优势价值观系统来预测和解释行为才具有真正的科学意义和现实意义。随后的一些研究者对价值观的整体性和价值观的动力性特点都展开了较为深入的研究。这种研究取向已被许多研究者所接受和效仿。

二　国内价值观研究的历史演进

国内心理学工作者对价值观的研究明显落后于国外，基本上经历了对西方价值观研究的介绍、移植和借鉴和开展价值观的本土化研究两个阶段。

第一阶段是 80 年代之前，主要是对西方国家价值观研究的概念、理论、方法和主要结果的介绍。在这一阶段，国内最早进行的价值观研究来自台湾学者。如李美枝和杨国枢（1964）利用 Allport 的价值观研究量表（Study of Value）对台湾大学生、台湾留美大学生以及美国大学生的价值观进行了比较研究；杨国枢（1972）利用 Morris 的 "十三种生活方式" 问卷对台湾大学生和大陆大学生的价值观进行了测量。此外，这个阶段也有一些研究者运用自己编制的问卷工具进行的价值观研究（Bond，1983）。总之，这一阶段的价值观研究主要在港台地区进行，研究较为零散，其影响力也比较小。

第二阶段主要是在 80 年代之后，从这一阶段开始，研究者开展了基于中国文化或本土文化的价值观研究，我国的价值观研究得到了蓬勃发展，并取得了丰硕的成果。在这一阶段，"心理学研究的中国化" 或 "本土化" 首先在港台地区兴起（杨国枢，1982），然后逐渐扩展到内地。关于中国人的价值观研究，主要包括三个层面的研究：第一，文化层面。主要挖掘某一特定文化中人群的价值观特点，如费孝通（1985）、杨中芳（1994）开展了以己为中心的价值观研究；何友晖等（1991）、杨国枢（1993）、翟学伟（1994）等开展了以社会、关系和情境为中心的研究；文崇一（1993）提出了中国人价值观 "富贵与道德" 的二分模式；黄光国（1983）在其所著《人情与面子：中国人的权力游戏》中则提出了中国人文化传统中的人情与面子价值模式。第二，社会层面。主要在社会范围内，开展大规模的价值观现状调查，如中国社会科学院社会学所（1993）对城乡青年从人生价值观、道德价值观、政治价值观、职业价值观和婚恋与性价值观五个方面进行了价值观调查；黄希庭等（黄希庭、张进辅、李红，1994）进行的当代中国青年的价值观调查；苏颂兴等人（2000）进行的 "分化与整合——当代中国青年价值观研究" 等；黄曼娜（1999）对北京等六个城市的青少年学生进行的终极性价值观和工具性价值观调查；文萍等人（2005）对北京等七个城市的 1080 名青少年所进行的价值观调查；岑国桢（2007）所进行的青少年主流价值观的调查。第三，个体层面。这一层面的研究主要关注作为个体属性的价值观与需要、态度、个性、动机、自我概念、人格、情绪等心理因素之间的关系，也探讨了价值观与行为之间的关系。这一层面的研究成果集中收录于章志光主编的《学生品德形成新探》一书中（章志光，1993）。

第二节 价值观的心理学研究

心理学领域关于价值观的研究，主要体现在三个方面：一是价值观的概念和特点；二是价值观的结构；三是价值观的现状调查。事实上，价值观静态研究的这三个方面也是相辅相成的一个逻辑过程，一般意义上的实证研究都会首先从概念的界定入手，然后进一步探讨概念的构成，最后依据所建立的结构来形成研究工具并通过此工具对某一研究对象的价值观特点进行调查和探讨。

一 价值观的含义

价值观（values），顾名思义是关于价值的观念。从词的构成上看，主要包括价值和观念两部分。所以从字面上理解，价值观就是关于客观事物价值高低的观念。但何为价值？如何评判价值高低？不同的学科理解并不一致。从哲学角度看，价值主要有三种解释：一是主体说，即认为外界事物有无价值的评判，主要在于主体的感受和体会；二是客体说，认为价值主要是客观事物本身就有的一种属性，不会以评判者的主观意志而转移；三是关系说，认为对事物有无价值的评判，要取决于主客体之间的关系，也即客体的属性和主体的需求之间是否具有一致性和适宜性（金盛华，2005）。在我国大陆及港台心理学界，绝大多数学者赞成第三种观点（杨德广，1995），即认为价值的产生是主客体相互作用的结果。尽管对价值的含义已经基本形成共识，但从心理学领域对价值观的研究来看，对价值观的含义却存在众多分歧，价值观的概念也众说纷纭，时至今日，也并没有形成一个被学界研究者广泛接受的定义，这充分说明了价值观研究的复杂性。

（一）价值观含义的分歧

由于价值观概念的复杂性，因此不同研究者对于价值观的定义并不一致。特别是对于心理学研究来说，如何将抽象的价值观概念操作化，更是一个令研究者头疼的问题。在具体研究中，心理学研究者从不同的角度提出了自己对价值观概念的理解，几乎涉及欲求、需要、兴趣、偏好、动机、态度、信仰等个体所有的个性倾向性层面。Cohen（1996）认为，心理学领域的价值观研究者至少经常从以下一些角度来关注价值观的内涵：

1. 认为价值观主要是道德观。这一定义主要是受 Kohlberg（1977）的道德发展阶段论的影响。如李伯黍（1990）认为，道德价值观就是道德信念，"当一个人愿意接受某一社会道德规范，说明他已经赋予这一道德规范以一定的价值，以致外部的道德规范就内化为个体的道德价值观"。陈欣银（1987）在前人及自己研究的基础上，提出了道德价值结构包括形式和内容两个维度的观点。他认为道德价值形式是指道德判断、道德推理、道德决策等道德思维形式，也就是以皮亚杰与科尔伯格为代表的道德认知学派所提倡和强调的道德认知成分。

2. 认为价值观是一些心理特质。这一定义主要是受特质论影响，研究者在具体的研究中常常把一些特质当作个体的价值观。如，Rokeach（1973）将价值观区分为终极性价值观（terminal values）和工具性价值观（instrumental values）。在工具性价值观中涉及的一些价值观条目，更多地属于个体的心理特质，如宽容、有勇气、助人、诚实、礼貌、负责等。采用类似定义的还有像 Munro 和 Adams（1977）的工具性倾向（instrumental tendencies）与表达性倾向（expressive tendencies）以及 Bem（1974）的男性气质（masculinity）与女性气质（femininity）等。

3. 认为价值观是一种行为取向。如许志超等人（Hui, 1988）的个人主义或集体主义（individualism or collectivism）、Schwartz（1992）的享乐主义（hedonism）等都是将价值观描述为一种行为取向。

4. 认为价值观是一种抽象的目标。典型的是 Rokeach（1973）提出的终极性价值观（terminal values），包括和平、平等、自由、幸福、智慧、内心的和谐等。

5. 认为价值观是一种内驱力（need strengths）。该定义主要强调价值观的动机属性，典型的是 Schwartz（1992）对价值观的定义，包括成就需要、遵从需要、安全需要等。

（二）价值观含义的共识

尽管对价值观含义的理解从一开始就存在较大分歧，但随着研究的深入，在某些研究阶段，总有个别定义得到了研究者的更多认同。这些定义对推动价值观研究的深入以及价值观理论的建构和形成都发挥着十分关键的作用。

在价值观研究的早期，Kluckhohn 于 1951 年提出的对价值观概念的界定是第一个受到普遍认同的概念。他将价值观界定为一种外显或内隐的，有关什么是"值得的"（the desirable）的看法，它是个人或群体的特征，它影响人们可能会选择什么行为方式、手段和结果。这一定义在西方心理学界确定了支配地位，从操作层面对价值观的各种定义进行了整合。Kluckhohn 的定义结束了之前价值观概念界定的杂乱纷呈的局面，他将是否"值得"的测量作为测量价值观的核心要素，这就使得价值观研究有了具体的测量落脚点，使价值观概念具有了心理学研究所强调的可操作性。Kluckhohn 定义的重要贡献实际上还远不止于此，比如他对价值观的主体进行了规定，认为价值观的主体既可以是个人也可以是群体；他明确指出了价值观的存在形式，即既可能是外显的又可能是内隐的；他还对价值观的功能和作用进行了强调，即指明了价值观对个体或群体的导向作用。自此以后的价值观研究虽然在定义上可能并不完全移植和采纳 kluckhohn 的观点，但在本质上都吸收了其定义的精髓（辛志勇，2002）。

第二个受到广泛认同和普遍应用的是 Rokeach 在 1973 年给价值观所下的定义。他认为价值观是指一般的信念，它具有动机功能，不仅是评价性的，还是规范性的和禁止性的，是行动和态度的指导，是个人的，也是社会的现象（金盛华，2005）。与 Kluckhohn 对价值观的定义相比，Rokeach 的价值观定义有如下特点：首先，Rokeach 认为价值观是一种"信念"，而 Kluckhohn 认为价值观是一种"看法"。信念和看法尽管都属于认知层面的概念，但二者的情感强度明显不同。信念比看法有着更高的情感投入和强度。其次，Rokeach 强调了价值观不是具体的信念，而是一般的信念。也就是说，价值观是超越具体情境或对象的，这就将其与态度区别开来。态度是行为的心理准备状态，是情境性的，而价值观是超越情境的。像公正、真诚、勇敢、诚实、自由、平等、忠实等，都属于抽象的价值观而不是具体的态度。最后，Rokeach 认为价值观并不仅仅包含对终极状态或存在的偏好，像对行为方式、手段等的偏好本身也是一种价值观，并在此基础上将价值观区分为终极性价值观（terminal values）和工具性价值观（instrumental values）两种类型。这在一定程度上扩展了价值观的研究领域和范围。Rokeach 对价值观概念内涵的理解对后来的价值观研究者产生了非常重要的影响。

第三个产生重要影响的价值观定义是 Schwartz 在 1987 年提出的。他认为价值观概念包含以下主要特征：第一，价值观是一些与情感紧密相连的概念或信念。当价值观被激活时，它就与情感交织在一起了。第二，价值观是能够激发行为并满足自身需要的目标。第三，价值观超越具体的行为或情境。这一特点将其与更为具体的概念如规范、行为等区分开来。第四，价值观是人们进行行为评价或选择时的标准。第五，价值观是有层次的，他们根据相对重要性的不同进行排序。第六，多个价值观之间的相对重要性引导行为。任何的态度或行为都典型地对应着一个或多个价值观。价值观对行为的推动作用依赖于价值观与行为情境的相关性以及价值观对行为主体的重要性。Schwartz 作为 20 世纪 80 年代以来最活跃、成就最为突出的价值观研究者，其对价值观的理解对后人的研究产生了极大的影响。首先，他强调了价值观并不单纯地是一种认知成分，还包含着情感成分的存在。其次，他强调了价值观的动机作用。价值观不单单是一种抽象的目标或状态，它与人们的需要紧密相连，是行为的重要内驱力。最后，他初步描述了人类价值观系统的基本结构。价值观是按照相对重要性分层排列的，并且正是这种相对重要性引导人们做出行为评价和选择。Schwartz 对价值观动力性特征的强调，启发后来的研究者深入探讨价值观与行为之间的关系及其心理机制，并且这一课题仍然是当前价值观研究领域的焦点问题之一。

（三）国内心理学研究者对价值观概念的理解

在价值观概念的界定上，国内心理学者遵循了两条路线：一条是借鉴哲学界的价值观定义；另一条则是直接移植国外价值观研究者的定义，移植的来源又以 Kluckhohn、Rokeach 和 Schwartz 三人的定义为最多（辛志勇，2002）。

采用第一条路线界定价值观的研究者包括：李德顺（1987）赞成用"好坏"来说明价值观的本质内涵，他认为"价值观念就是好坏观念，即人们关于什么是好、什么是坏，怎样为好、怎样为坏，以及自己向往什么、追求什么、厌恶什么、反对什么等的观念、思想、态度的总和"。袁贵仁（1991）认为，"价值观是一定社会群体中人们所共同具有的对于区分好与坏、正确与错误、符合或违背人们愿望的观念，是人们基于生存、享受和发展的需要对于什么是好的或者是不好的根本看法，对于某类事物是否具有价值以及有何种价值的根本看法，是人们所特有的应该希望什么和应该避免什么的规范性见解，表示主体对客体的一种态度"。黄希庭（1994）认为，价值观是人区分好坏、美丑、益损、正确与错误，符合与违背自己意愿等的观念系统，它通常是充满情感的，并为人的正当行为提供充分的理由。杨德广（1997）认为，价值观是一定社会所共同具有的对于区分好与坏的根本看法，对于某类事物是否具有价值以及具有何种价值的根本看法，是人所特有的应该希望什么和应该避免什么的规范化见解，表示主体对客体的一种态度。吴向东（2008）认为，价值观"是人们基于生存、享受和发展的需要对某类事物的价值以及普遍价值的根本看法，是人们所持有的关于如何区分好与坏、对与错、符合与违背意愿的总体观念，是关于应该做什么和不应该做什么的基本见解"。

心理学研究者大多采用第二条路线，即直接移植国外价值观研究者提出的比较经典的定义，然后在此基础上进行本土的价值观研究。类似的研究者包括：杨国枢（1991）认为，价值是人们对行为、事物、目标状态的一种持久性偏好，这种偏好是一套包含着认知、情感及意向三类成分的信念。价值并不是指行为或事物本身，而是指判断行为好坏或对错的标准，或者用来选择事物的参考框架（frame of reference）。多个价值信念或价值取向，相互关联成为一个系统，则可称为价值体系，简称价值观。金盛华（1996, 2005）认为，价值观是人们按照自己所理解的重要性，对事物进行评价与抉择的标准。它是比态度更为广泛、更为抽象的内在倾向。许燕（1999, 2001）认为，价值观是指人们对客观事物、现象和自身行为结果的意义、作用、效果和重要性的评定标准或尺度，是推动并指引人们决策和采取行动的核心要素。

（四）价值观与价值取向

提到价值观，不得不提到另一个与之意思非常相近而且不容易区分的概念"价值取向"（value orentation）。章志光（1993）认为，价值取向是个人内心关于事物对自己、对社会的意义和重要性的认识倾向，它是个人内化了的价值观，对人的行为起着重要的调节与定向作用。金盛华（1995）认为，价值取向是人们对特定事物所采取的价值观，它是与具体事物和情境相关联的，是人们价值选择的反映。寇彧（2002）认为，"价值取向是个体内心关于事物对自己和对社会的意义与重要性的认知倾向，也就是当个体面临种种选择时，他们经过比较，对一些事物赋予较强重要性，而对另一些事物不太看重这样一种现象"。实际上，价值观与价值取向两个概念之间既有共同点也存在差异。共同点表现在二者都反映了客观事物对个体自身重要性或意义的主观认知或评价；其主要差异表现为：价值观强调的是认知层面，注重人们判断事物价值的视角，具有系统性和静态性等特点；而价值取向的指向性更为明确，与更为具体的行动选择相关联，是个人价值观的体现（金盛华，2005）。

（五）对国内外不同价值观定义的简要总结

在对以上概念分析和理解的基础上，我们认为不同的价值观研究者在给价值观下定义的时候都部分或较多地考虑到了以下内容：（1）从价值观的拥有者角度考虑，它既可能是一种个体现象，又可能是一种群体现象，还可能是一种社会现象或文化现象；（2）从价值观的表现形式考虑，在宏观意义上（或形而上）价值观更多是以观念的形式存在，具有概括性和超情境性的特点；在可操作层面，价值观是一种判断标准，这种判断标准既可能是外显的也可能是内隐的；（3）从价值观的内容角度考虑，价值观主要是一些信念的组合，这些信念是对个体动力特征的反映；（4）从价值观的功能角度考虑，价值观对态度和行为具有明显的导向作用；（5）从价值观的形成机制看，价值观主要是一种社会化的结果，是个体自身动力特征、个性特征与外在影响因素的互动的产物；（6）从价值观的作用机制看，价值观对行为的导向作用要通过态度这个中介来进行。

另外，对比国内外心理学者给价值观所下定义，我们还发现一个较为明显的特点：国内的价值观定义比较偏重描述性，比较侧重内容的揭示，而国外的价值观定义则侧重本质和机制的探讨。

二　价值观的研究现状

经过心理学研究者的努力，价值观的研究无论是在研究方法、研究内容，还是在研究的理论建构上，都取得了丰富的成果。下面对价值观的心理学研究的现状做一梳理。

（一）价值观的研究方法

价值观的研究方法多样，但主要的研究方法包括文献分析法、问卷法、心理测量法、投射法、实验法等。其中，问卷法和心理测量法是研究者运用最广泛的研究方法。在具体研究过程中，研究者使用较多的测量工具有：Allport 等的价值观量表（The Study of values）；Morris 的生活方式量表（Ways to Live）；Rokeach 的价值观调查问卷（The Value Survey）；Kluckhohn 和 Strodtbeck 的价值取向量表（Value Orientations）；Schwartz 的价值观调查问卷（SVS）和个人价值观问卷（Personal Value Questionnaire）；Scott 的个人价值量表（Personal Value Scales）；Braithwa-tie 和 Law 的目标和方式价值观调查量表（The Goal and Mode Values Inventory）；Bales 和 Couch 的价值观测验（Value Profile），等等。国内的研究者早期多是对 Allport 的价值观量表、Morris 的生活方式量表、Rokeach 的价值观调查问卷等的修订运用，如彭凯平和陈仲庚（1989）采用修订的 Allport 等人编制的价值观研究量表（Study of Value），对北京大学生的价值观进行了初步研究；朱文彬等（1995）采用了美国 Brithwaite 编制的目标和行为方式价值观调查量表对大学生进行了调查研究；许加明（2005）对 Rokeach 的价值观调查量表（The Value Survey）进行了修订。后期则尝试通过自编的价值观问卷对中国被试的价值观状况进行研究，如张进辅（2005）通过自编词汇选择问卷及用谚语格言对大学生价值观进行研究；金盛华（2003；2005；2009）编制的《中国人价值观量表》和《中国民众价值取向问卷》；阴国恩等（2000）编制的《大学生价值观类型调查表》等。

除了问卷法和心理测量法之外，投射法和实验法也是研究者较常采用的研究方法。相关的研究包括：Dukes 使用投射法研究青年价值观、Kilmann 制作了投射测验来测人际价值观（引自黄希庭、张进辅、李红，1994）、Eyal 等（2009）采用实验法研究了传统价值观、Verplanken 和 Holland（2002）采用实验法研究了环保价值观，李若衡和杨静（2005）使用投射测验研究了大学生的生命价值观，等等。

（二）价值观的结构

价值观结构是心理学领域研究价值观的一个重要内容，因为价值观结构的建立和揭示将不仅有助于对价值观维度的进一步了解，也是深入理解价值观形成和作用机制的重要环节，更是价值观研究工具和相关技术产生的基础。因此，许多心理学研究者都尝试从不同的角度来提出自己的价值观结构，为丰富价值观研究起到了十分重要的作用。

1. 从维度上构建价值观的结构

Rokeach（1967）把人类价值观的结构分为两个维度，即生活目标

（终极性价值）和行为方式（工具性价值）；Braithwaite 和 Law 等人（1985）把价值观分为个人目标、行为方式、社会目标（以 Rokeach 的价值构念为基础）三类；Bales 和 Couch 等人（1969）将价值观的结构表述为接受权威、基于需要的表达、平等主义、个人主义四个方面；Lorr 等人（1973）提出了三个维度的价值观结构，即个人目标、社会目标、个人和社会所偏好的行为方式；Gorlow 等人（1967）从内容和维度结合的角度提出了一种价值观分类：重视亲和—浪漫情感者、重视地位—安全者、重视智识的人文主义者、重视家庭者、极端的个人主义者、随和—被动者、童子军型者、唐璜式的风流人物；Gilgen 等人（1979）的二元价值观结构为：东方（印度教、佛教、儒教、道教）——元论，西方—二元论（基督教和希腊文明）；Kluckhohn 等人（1961）提出了四种价值取向的机制观结构：人与人关系取向、人与自然取向、人与时间取向、人与环境关系取向；Harding 和 Phillips（1986）等人的道德价值观结构为个人—性道德（集中于生死的问题和性关系）、自利道德（包括与个人正直和诚实有关的测题）、合法—非法道德（以被法律正式禁止的行为来界定）；Hofsteded（1980）通过对 40 个国家的研究确定出四个价值观的维度即权力距离、避免不确定性、个人主义与集体主义、男性或女性气质；日本研究者从个体—社会、现在—未来两个维度对价值观进行描述；Schwartz（2004）按照人类生存的三种必要需要（人际、团体和社会发展需要），把价值观分为自我提高 vs 自我超越、保守主义 vs 开放性两个垂直维度。根据维度分为权力、成就、享乐主义、刺激、自我导向、世界主义、仁慈、传统、遵从、安全；张进辅（2005）认为，价值观由价值目标、价值手段和价值评价维度组成，把价值观分为人生价值观、政治价值观、道德价值观、职业价值观、婚恋价值观、消费价值观、审美价值观、人际价值观、宗教价值观、知识价值观、教育价值观及创造价值观等；王沛等（2005）认为，大学生择业价值观具有社会取向和个人取向两个维度；金盛华等（2009）通过大样本的实证调查，认为中国人的价值观是一个八因素结构，具体包括品格自律、才能务实、公共利益、人伦情感、名望成就、家庭本位、守法从众、金钱权力，并按照"个人—社会取向"与"发展—维持取向"两个维度构建了中国人价值观的"好人定位"理论模型；王晓钧等（2012）认为中国人的价值取向包括四个维度：社会取向（理性的、社

20

会专注的、有社会责任感、公民道德感、集体意识的价值观认知取向）、个人取向（利己的、自我中心、自我专注、自我定向的价值观认知取向）、积极取向（建设性的、发展性的、主动融入的、渴望参与的、乐观的、努力的、积极的价值观认知取向）和消极取向（无明确目标的、被动的、逃避的、悲观的、不思进取的、消极的价值观认知取向）。

一些华人学者在研究中国人价值观或跨文化价值观研究中也提出了自己关于价值观结构的观点。费孝通（1947）的差序格局；许烺光的情境中心、个人中心、超自然中心；杨国枢（1992）的个我取向（individual orientation）和社会取向（social orientation），社会取向又具体分为家族取向（家族延续、家族和谐、家族团结、家族富足、家族荣誉、泛家族化）、关系取向（关系的角色化、关系互依性、关系和谐性、关系宿命观、关系决定论）、权威取向（权威敏感、权威崇拜、权威依赖）、他人取向（顾虑他人、顺从他人、关注规范、重视名声）四个次级取向；文崇一（1992，1995）提出的富贵与道德；杨中芳（1991）的自己人和外人分界。另外，杨中芳还将价值观的结构分为世界观（对人及其与宇宙、自然、超自然等关系的构想，对社会及与其成员关系的构想）、社会观（从文化所属的具体社会中，为了维系它的存在而必须具有的价值理念）、个人观（成员个人所必须具有的价值理念）；何友晖、乔键等（1991）的关系取向；黄光国（1983）的人情与面子模式。另像朱瑞玲、翟学伟、佐斌等也都对此进行了研究；朱永新（1992）的恋权情结（power complex）或称吕不韦情结；王慧然（2001）的人格面具说或原型说，包括"父王原型""子民原型""官僚原型""民族情结""铲平主义情结"；翟学伟（2001）的历史阶段分类，宗教意识取向（上古）、伦理取向（中古）、文化取向（近代）、政治取向（现代）、经济取向（改革开放的二十年）；朱谦（1995）把价值观分为一般价值观和传统价值观（家庭关系、工作精神、物质欲望、社会秩序、进取心、宗教信仰和处世哲学等）；杨宜音（1998）认为价值观的结构应该从两个维度来考察，即终极性—工具性维度、社会性—个体性维度，并认为价值观有三个分析层面：个体价值观、社会价值观、文化价值观；梁觉等人为主导开展的社会通则（Social axioms）研究提出了五因素的多维结果模型，包括社会犬儒主义（Social cynicism）主要表达了对个体生活和社会事件的负面观点；天道酬勤（Reward for application）主要强调只要努力必然会有所收获的信念；社会灵活性（Social complexity）强调对各类问题及不确定性事件的多种应对方法；命由天定（Fate control）主要表达了一种对社会事件的宿命论观点；而宗教笃信（Religiosity）强调对超我及积极宗教信仰结果存在的坚信（引自金盛华，2005）。

从维度上建构价值观的结构，优点是比较简洁、一目了然，但缺点是建立的价值观结构可能过于抽象，不容易理解和把握。因此，许多研究者也尝试从内容角度来建构价值观的结构。

2. 从内容上建构价值观的结构

Perry（1926）的价值观分类：认知的、道德的、经济的、政治的、审美的、宗教的；Firth（1951）把价值观分为技术的、经济的、道德的、仪式的、审美的、社团的六种；Allport 等人（1960）依据斯普兰格对人类型的划分将价值观分为理论的、经济的、审美的、社会的、政治的、宗教的六种类型；Fitzsimmons 等人（1985）的生活角色调查量表测量了能力、成就、发展等20种价值的重要性；Gordon（1960）的人际价值观调查量表测量支持、服从、认可、独立、仁慈、领导六种价值观；Scott（1965）的个人价值量表评价实际生活中存在的唯智主义、仁慈、社交技能、忠诚、学业成就、身体发育、地位、诚实、宗教信仰、自我控制、创新性、独立性等内容；Morris（1956）的13种生活方式量表测量了五个因素：社会限制和社会控制、在行动中得到快乐及进步、退缩与自给自足、接纳和同情的关心、自我放纵；Schwartz 和 Bilsky（1987）将价值观与10个动机领域联系起来：守旧、和谐、平等的义务、知识的自主、情感的自主、控制、阶序等；文崇一（1989）把价值观分为宗教、家庭、经济、成就、政治、道德等六种价值；杨国枢（1994）把中国人传统的价值观分为：遵从权威、孝亲敬祖、安分守成、宿命自保、男性优越五个方面，把中国人所表现出的一些现代价值观分为：平权开放、独立自顾、乐观进取、尊重情感、两性平等。陆建华（1992）从日常生活价值观、婚恋性爱价值观、社会价值观、人生价值观等四个方面来调查当前青年的价值观；李德顺（1996）从自我意识、人生的目标理想及价值规范、人生的具体实践方式等三个方面来探讨人的价值观。黄希庭等人（1994）将价值观分为政治的、道德的、审美的、宗教的、职业的、人际的、婚恋的、自我的、人生的、幸福的

10 种类型；中国社会科学院社会学研究所"当代中国青年价值观念演变"课题组（1993）将价值观分为生活价值观、自我价值观、政治价值观、道德价值观、职业价值观、婚姻和性价值观；翟学伟（1999）认为中国人在价值取向上客观地经历过宗教意识取向、伦理取向、文化取向、政治取向和经济取向；阴国恩等（2000）将天津市大学生的价值观分为社会型、科学型、信仰型、审美型、权力型和经济型；张进辅等（2006）从知识价值观、创造价值观、职业价值观、健康价值观、时间价值观、性别价值观、创业价值观、人生价值观、传统人生价值观、知识价值观、人际价值观、婚恋价值观、审美价值观、生育价值观等方面来研究青少年价值观的现状。

从内容角度来揭示价值观的结构，最大的优点是具体、容易把握，可以明确地反映出某一生活领域或人类生活的某一方面的价值观特点，但是其缺点也是比较明显的，即抽象概括性不够，从而影响到研究结构本身的系统性，因为具体罗列 5 类、10 类、甚至 20 类内容仍然不能完全涵盖价值观的研究内容。

（三）价值观的研究内容

价值观的研究内容广泛，唐文清等（2008）将价值观的主要研究内容总结为以下几个方面。

1. 特定人群价值观现状的研究

国外价值观研究的对象比较广，涉及各种社会群体、年龄段、种族的群体及特殊人群的价值观研究。国内的研究主要集中于青年，特别是在校中、大学生，少数是对在职人员（如教师、工人）研究，而对于中老年及其他特殊人群（如下岗职工、少数民族）的研究比较少。彭凯平（1989）、朱文彬等（1995）、阴国恩等（2000）、黄希庭等（2008）、张进辅（2005）、金盛华（2005，2009）、吴洪艳（2007）、岑国桢（2007）等分别对我国青年（大学生）群体的价值观进行了研究；王新玲（1987）、董小苹（1996）、刘恩允（1999）、陈树林等（2001）、史清敏等（2002）、孙琦等（2007）、金盛华等（2003，2009）、裴娣娜和文喆（2006）分别对我国中学生群体的价值观进行了研究，叶松庆（2007）对当代未成年人价值观的基本状况进行了分析；俞宗火等（2004）、袁金辉和陈金牛（2002）分别对我国硕士和在读研究生群体的价值观进行了研究；金盛华和刘蓓（2005）对我国工人的价值取向进行了研究，马剑虹和倪陈明（1998）对我国企业职工的工作价值观进行了分析，何华敏（1998）对我国内地四类企业职工职业价值观进行了比较研究；何瑞鑫和傅慧芳（2006）对新生代农民工的价值观进行了分析，金盛华等（2009）对包括农民在内的当代中国人的价值观进行了研究；葛缨等（2006）对大学教师、医生、注册会计师、律师、邮政管理人员等五类人群的人际价值观进行了比较研究；王金梅（2003）对少数民族大学生的职业价值观进行了调查；侯阿冰（2008）对少数民族的价值观进行了研究；柴世钦（2011）对领导干部的价值观进行了研究，等等。

2. 价值观的影响因素研究

关于价值观的影响因素，是一个相当复杂的问题。研究者的视角不同，其考察的影响因素也不一样。但就心理学的研究成果看，价值观的影响因素基本可以分为外在客观因素和主体内部因素。

（1）外在客观影响因素

关于外在的客观影响因素，研究者主要集中探讨了文化、社会生活、网络、学校教育、婚姻家庭等因素对价值观的影响。如，在社会因素方面，兰久富（1999）认为社会生活是价值观的主要来源；杨德广等（1997）认为社会背景、身份背景和交往背景是影响个体价值观形成的三种选择性动因；李从松（2002）探讨了贫困对贫困生价值观形成的影响。在文化因素方面，楼静波等（1993）强调了外来文化对中国青年价值观的重要影响；杨宜音（1998）重视西方价值观念侵入的影响；黄光国（1995）则谈到了"核心文化"和"边陲文化"对价值观的不同影响。关于网络的影响，胡钰和吴倬（2001）探讨了网络对价值观的负面影响。关于教育因素的影响，章志光等（1993）强调了教育方式，包括价值观教育、榜样学习、角色扮演、集体讨论、师生互动方式、奖励结构等对个体价值观的影响；许燕（1999）则谈到了不同学科、不同专业对北京大学生价值观的影响；Stoetzel（1983）认为教育在个体价值观形成中是一个重要的因素。Cohen（1996）在其研究中认为，家庭因素，具体讲包括家庭结构、父母特征和收入、母性主导还是父性主导（mother or father—child priority）、家庭环境、父母教育方式、父母与青少年之间的关系、兄弟姐妹状况、家庭中的生活事件等都对青少年的价值观产生重要影响。Rohan 和 Zanna（1996）对家庭中的价值观传播（transmission）进行了深入研究。章英华（1995）则探讨了家户组成、家庭内的互动模式对个体价值观的影响。寇彧（2002）对大学生的价值取向与家庭因素的关系进行了研究，发现大学生价值取向的特点状况与家庭因素，尤其与父母养育方式、个体认同的影响源密切相关。

（2）主体内部因素

需要。Maslow 把价值观和需要联系起来，甚至是等同起来，认为人类两种不同层次的需要（生理需要和高级的心理需要）同时也代表着人类两种不同层次的价值取向。Schwartz（1987）在其所建构的人类普遍价值观模型中更是把"个体作为生物有机体的需要"、"协调社会相互作用的需要"、"使群体或团体顺利发展和保持生存的需要"这三种需要作为他理论架构的基础。黄希庭等（1994）认为，需要与价值观的关系十分密切。这种密切的关系主要体现在两个方面：一方面价值观以及由它支配的价值判断都以需要为基础；另一方面，价值观反过来对需要又具有调控作用，表现为对需要的评价和对相互冲突的需要的调节。

情绪和情感。情绪、情感是价值观的构成要素之一，也是价值意识的心理水平的表现形式之一。价值观或价值取向都包含认知、情感、方向性等成分。章志光等（1993）认为情绪情感（移情）在价值观形成中有重要作用。

兴趣和爱好。Allport 等人把兴趣看作价值观的主要心理因素，甚至把兴趣作为价值观测量的指标，这在他们所开发的价值观测量工具中有很好的体现。杨国枢（1993）及其同事在研究中曾认为可以把价值观看作是一种偏好。Cohen（1996）则认为青少年生活中的优先选择或偏好比雄心和志向更能反映他们的态度和价值观念。

认知风格。兰久富（1999）在研究中也认为思维方式和生产方式与生活方式一样，影响着个体的价值观。苏颂兴等（2000）认为个体的社会认知，主要包括对社会发展的关注点、对社会现实的满意度影响着价值观的形成。另外，自我认知、自我意识（包括自我评价、自我体验、自我控制）、同一性与社会角色等在价值观的形成中也扮演着重要的角色。

动机。Schwartz（1987）在三种需要的基础上引申出十种动机方面性质不同的价值类型，即权力（power）、成就（achievement）、享乐主义（hedonism）、激励（stimulation）、自我导向（self-direction）、对全人类的普遍关怀（universalism）、乐善好施（benevolence）、传统（tradition）、遵从（conformity）、安全（security）。Chang 等人（1997）曾对中国人价值观和成就动机之间的关系在新加坡大学生中进行了研究。

3. 价值观的功能研究

大量的研究发现，价值观不仅能够直接或间接地影响生活满意度、工作满意度、心理健康水平等心理反应指标，而且对人们的决策和行为反应也会产生显著的影响。如 Perrewe 等（1999）探讨了成就价值（value attainment）在家庭冲突和工作与生活满意度中的作用，发现成就价值起到中介的作用；Boehnke 等人（1998）研究了价值观对心理健康的影响；Colozzi（2003）综述大量的相关研究表明价值观在个体职业选择和职业生涯设计中的重要作用等；金盛华和田丽丽（2003）研究了价值观对中学生生活满意度的影响，发现金钱权力价值观对物质生活满意度具有显著的预测作用；刘善仕和凌文辁（2004）研究了员工价值取向与领导效果之间的关系，发现家长式领导能否发挥作用依赖于下属的价值取向；彭晓玲等（2005）对大学生价值观与心理健康之间的相关性进行了调查分析，发现学生的价值观和心理健康具有一定的正相关，价值观的积极因素与学生心理健康程度成正比；施春华（1997）也研究了大学生价值取向与心理健康的相关性，发现两者之间具有中等程度的相关；张静（2009）研究了大学生儒家传统价值观和心理健康的关系，发现儒家传统价值观念越强，心理健康水平越高；游洁（2005）对价值观与大学生寻求社会支持的关系进行了研究，发现不同的价值观维度能够显著地预测不同的寻求社会支持行为；王建平等（2007）研究了价值观对蓄意创伤受害者创伤后应激障碍症状的影响，发现蓄意创伤受害者所持的不同的具体价值观对其 PTSD 症状有不同的预测作用，其中成就价值的预测作用较强；郭晓薇（2006）发现，集体主义/个体主义价值观对主管和同事评价的组织公民行为都具有独立于公平感的预测作用，同时还可以调节程序公平与同事评价组织公民行为之间的关系；秦启文等（2007）也研究了企业员工工作价值观与组织公民行为的关系，发现整体工作价值观与整体组织公民行为存在着显著性相关；胥兴春和张大均（2011）研究了教师工作价值观与工作绩效的关系，发现教师工作价值观与工作绩效存在显著相关，并能在一定程度上预测其工作绩效；张俊和邹泓（2012）研究了消费价值观、家庭理财教育方式与消费决策风格之间的关系，发现消费价值观在家庭理财教育方式与消费决策风格之间起中介作用。

4. 对价值观发展变迁的研究

价值观总是随着社会经济、政治、文化发展与变革而变化，因此探讨价值观的发展变迁特点也是国内外研究者关注的重要主题。1953 年开始，日本社会学者在"日本的国民性研究"这个题目下，以每五年为一个周期进行了 30 余年的价值观调查工作，其意图主要是了解日本国民舆论、态度、价值观的变革；1972—1975 年，由津留宏、坂田一、原谷达夫、秋叶英则等日本社会学者主持进行了"现代日本青年价值观研究"。1992—1993 年秋叶英则在对 70 年代研究成果进行分析研究基础上，又对日本青年人的价值观状况进行了调查，并对这两个不同时代的青年人的价值观特点进行了分析研究。欧洲价值体系研究小组于1981 年对联邦德国、法国、意大利、西班牙、荷兰、比利时、爱尔兰、丹麦等西欧九国的价值观状况进行了研究，内容涉及道德、政治信任及选择、宗教、家庭价值、劳动价值、世界与他人、人口统计学资料影响等多个方面，对西欧社会的主流价值取向进行了深入探讨。美国的大学生择偶价值取向变化研究，每隔一年采用相同测量工具进行一次调查，从 1939 年持续至今。研究者认为，时间变量包含的意义是多重的，涉及政治、经济、文化等社会变迁以及突发社会应激事件对价值观的影响，其中最容易看到的变化大多浓缩在青年一代身上，也体现在两代人的差异之上。这也是许多研究者选择青年作为价值观变迁研究样本的缘由。美国密歇根大学教授 Inglehart 在《现代化与后现代化》一书中，根据 1990—1993 年对 40 多个国家和地区所做的"世界价值观调查"的横贯数据分析提出，当今世界各国的价值观变迁实际上存在"两个维度"：一个是"现代化"维度，它反映的是从"传统价值观"向"现代价值观"转变的程度；另一个是"后现代化"维度，它反映的是从"生存价值"向"幸福价值"（或"自我表现价值"）转变的程度。此外，他还依据近 20 多年来的纵贯数据，揭示了当今世界发达工业社会出现的从"物质主义价值观"向"后物质主义价值观"、从"现代价值观"向"后现代价值观"转变（shift）的文化变迁趋势（引自吴鲁平，

2002）。Egri 等（2004）对不同时代中美个体价值观变迁的研究；林崇德和寇彧（1998）采用问卷法对从小学到大学不同年级的学生的价值取向发展趋势进行了研究，发现青少年的价值取向表现出稳定的发展趋势，即从注重服从权威到注重平等、公正；从强调个人利益到关心他人与自己的关系，再到看重自我需要和自身发展。龚惠香等（1999）分别于 1995 年和 1998 年两次对大学生的职业价值观进行了调查，并在此基础上对职业价值观的演变趋势进行了分析。许燕（1999）比较分析了 1984 年、1989 年、1992 年、1997 年四个时期北京大学生价值观的变化，研究结果反映出社会环境对大学生价值观形成的影响。"当代中国青年价值观念演变"课题组从 1988 年到 1990 年，先后两次对全国城乡青年的价值观进行了问卷调查，发现当代青年人价值观的演变有三个特点：即从群体本位取向向个体本位取向的偏移；从单一取向向多元取向发展；世俗性的价值目标正在取代理想主义的价值目标。文萍等人（2005）则调查了 1987—2004 年我国社会转型背景下，青少年价值观的变化，并与黄希庭（1989）、黄曼娜（1999）等人的调查结果进行历时性比较，结果表明，青少年的价值观从 20 世纪 80 年代到 2004 年经历了重要变化，朝一个更强调个人取向的方向发展，而且这种个人取向的价值观正在由雄心壮志、奋斗进取逐渐向追求个人自我的舒适与快乐价值观转变，但这种变化是一个渐变的过程。张进辅和赵永萍（2006）通过比较中学生和父母的价值观差异揭示了价值观的变化趋势。姚本先（2007）提出改革开放后大学生价值观的演变轨迹依次表现为：权威解构与自我觉醒、改造冲动与自我失落、价值取向的自我中心与价值标准的实用化、价值多元与现实具体。王涛和戴均（2009）也分析了改革开放 30 年来大学生价值观变迁的轨迹，发现改革开放以来，大学生价值观先后经历了反思与觉醒期、多元分化与价值冲突期、理性与世俗化时期、多元整合与回归超越期。蒋明军等（2010）对"80 后"与"90 后"大学生的价值观进行了比较分析。

5. 价值观的跨文化研究

由于文化对价值观有着直接而独特的影响，因此价值观的跨文化研究一直是心理学研究者的热点问题。在具体研究层面，价值观的跨文化研究主要包括对不同国家、民族、地区人群价值观特点的比较分析。Chickering 和 McCormick（1973）对不同大学环境的大学生价值观进行了比较。处于不同大学环境的大学生价值观整体变化方向是一致的，但在各类价值观上却存在着很大差异。1980 年，Hofstede 对 40 个国家的"职业价值观"进行了详尽的分析和描述。在他的研究中还抽取了台湾、香港、新加坡等地的样本。Triandis 等人（1986）则在九个国家进行了一项有关"集体主义—个体主义"价值观的研究，其中包括来自香港和大陆的被试。Schwartz 利用自己编制的价值观问卷在 1988 年和 1993 年对来自各大洲 44 个国家、97 种样本进行了跨文化调查。Inglehart 等（1996）在 1990—1991 年利用其"物质主义—后物质主义"量表对 43 个国家进行了横断性的"世界价值观调查"。该调查覆盖了世界 70% 的人口，包括了所有的类型：从人均年收入只有 300 美元的国家到人均年收入高达 3 万美元的国家；从早就实行市场经济的民主国家到前社会主义国家及专制国家。Akiba 和 Klug（1999）研究显示，日本大学生更加注重公共利益，而个人主义不明显；美国大学生则相反。Echter 等人（1998）对中国大陆、美国、新加坡、中国台湾地区的大学生价值观在自我、家庭、国家、世界四个层面进行了比较。结果表明中国大陆大学生最注重国家，美国大学生最注重世界，而新加坡和中国台湾地区的大学生最注重家庭，亚洲学生越来越注重个人的利益。国内，黄希庭等（1989）对广州、武汉、深圳、成都和重庆等五个城市青少年的价值观进行了调查；董小苹（1996）对中日美三国中学生的价值观从学校生活、家庭生活、友谊的选择与群体交往、师生关系、道德意识与道德行为、未来生活目标与生活理想等方面进行了跨文化比较。余华和黄希庭（2000）对大学生与内地企业员工的职业价值观进行了比较研究。许燕和王砾瑟（2001）对北京和香港大学生的价值观进行了跨文化研究，结果发现：两地大学生的价值观存在一定差异，北京大学生的主导价值观是社会型，香港大学生的主导价值观是信仰型。史清敏等（2002）对深圳和北京中学生的价值观进行了问卷调查，结果表明，深圳归侨生和非归侨生在"法律规范取向"上差异显著；在"正义公理"、"从众"、"家庭"和"公共利益"等价值取向上，深圳和北京中学生存在显著差异。

6. 价值观与行为关系的研究

关于价值观与行为关系，存在两种观点。一种认为，价值观能够很好地表达或预测行为。这种观点得到了众多研究者的支持。如，价值观在一些非常具体的行为表现中显示出较好的预测作用，如学习课程的选择（Simpkins et al.，2006）、投票选举（Caprara et al.，2006）以及环保行为（Schultz et al.，2005）等。在消费领域，个人价值观对产品的选择（胡洁、张进辅，2008）、旅行决策（Watkins & Gnoth，2005）等都具有显著的影响作用。但也有研究者认为价值观并不能够总是准确地预测行为，如，Cohen（1996）认为，从职业价值观研究的漫长历史中可知，价值观并不总是能很好地预测行为，个体的价值观仅仅能对个体行为产生一个较小的建议性的作用。Schwartz（1996）认为，单个行为的发生要受到大量因素，尤其是行为发生时的情境因素的制约，因此，试图从像价值观这样一种超越情境的变量来预测单个的行为是非常困难的。金盛华（1995）也认为价值观没有直接的对象，也没有直接的行为动力意义。于是，很多研究者转而探讨价值观和行为关系一致性的条件。Kristiansen 和 Hotte（1996）认为态度是价值观影响行为的中介变量，并提出了"价值观—态度—行为"模型。Maio 和 Olson（2000）发现价值观与态度之间存在着实验性关联，二者的中介是目标表达性态度，这表达了一种动机性的价值观结构。Wojciszke（1989）发现，理想主义者的价值观与行为之间具有更高的一致性；Verplanken 和 Holland（2002）认为，与自我的接近程度也是价值观与行为关系的调节变量。辛志勇（2002）的博士论文则采用量性研究和质性研究相结合的方法，系统探讨了价值观与行为之间的关系。

第三节　保护性价值观

在当今社会，资源稀缺已经成为基本现实。在此现实条件下，通过价值交易来满足自身需要已经成为了人们的一种普遍的生活方式。如，人们在日常生活中经常会花费一定量的金钱去获取生活用品、知识、技术、专利等有形或无形的物品。人们之所以愿意进行这种交易，实质是认为这些物品的价值与经济价值（金钱）是等同的。除了这种可以交易的价值之外，在人们的认知中实际上还存在着一些不能进行交易的价值，如，生命只有一次、爱情无价等表述，都显示出这些物品不可交易的独特属性。人们所持有的关于这些不可交易的物品的价值观念，就是本节所要介绍的保护性价值观。

一　保护性价值观的概念及特点

保护性价值观是由美国心理学家 Baron 和 Spranca 于 1997 年首先提出来的概念。他们指出，保护性价值观具有这样的性质：人们不愿意或不情愿将这种观念指向的客体与具有价值的其他客体进行交易，尤其拒绝与经济价值（如金钱）进行交易。例如，人的生命健康、权利权益或生态环境等，这些事物的价值远比其他价值更加重要，特别是比经济价值更为重要，因此人们会努力保护他们的这种价值，以防止该价值与其他价值进行交易。

基于对保护性价值观概念的分析，Baron 和 Spranca 提出并验证了保护性价值观的六种特性，随后，许多研究也对此予以了证实（Baron & Spranca，1997；Baron & Leshner，2000；Ritov & Baron，1999）。

（一）绝对性

"绝对性"（absoluteness）是保护性价值观的定义属性，该特性表明人们拒绝用保护性价值与其他任何补偿价值（比如金钱）做交易。典型的，拥有保护性价值观的个体在面对保护性价值和其他补偿价值的冲突时，均会坚持保护性价值。例如，如果个体具有"不能破坏自然环境"的保护性价值观，那么个体在任何情况下均不会伤害野生动物，即使伤害野生动物能挽救更多其他的野生动物。此外，绝对性还包含另外一层含义，即当保护性价值观已经遭到侵害后，补偿是无济于事的。

（二）数量不敏感性

数量不敏感性（quantity insensitivity）指的是，保护性价值观与行为后果的数量无关。这里的数量主要体现在以下几个方面：行为发生的可能性、行为发生的次数、行为执行者的数量等（Ritov & Baron，1999）。例如，如果"伤害别人"的行为是被保护性价值观所禁止的，那么人们会认为"伤害别人"这种行为发生一次和发生十次同样恶劣，"伤害一人"和"伤害十人"同样恶劣。也就是说，保护性价值观主要针对的是行为本身，而与行为的后果无关。

（三）对象相关性

对象相关性（agent relativity）是与对象一般性（agent general）相对立的概念，指的是保护性价值观指向的是特定的对象，而非所有的对象。比如，孝敬父母，这是具有对象相关性的道德规则。此规则表明，甲有责任孝敬自己的父母，乙也有责任孝敬自己的父母，但甲没有责任去孝敬乙的父母，也没有义务去确保乙会孝敬自己的父母。这样的规则不同于"所有人都应该孝敬父母"之类的具有对象一般性的宽泛的道德规则。

（四）道德义务

Turiel（1983）认为，被保护性价值观所禁止或允许的行为，是与道德义务（moral obligation）紧密相连的。道德义务并非仅仅是传统或个人偏好，而是普遍存在的，并且独立于人们的认知，具有客观性。即使人们心里并不是这么想的，也应该尽力去执行。普遍性和客观性构成了道德义务的两大属性。持有保护性价值观的人们总是用道德义务去衡量特定情境中的人，觉得其他人即使并没有这样的观念，也有责任按照这样的要求去做。

（五）拒绝交易

当个体的价值观是保护性价值观时，个体一般会拒绝交易（denial of trade-offs）的存在（Jervis，1976；Montgomery，1984）。个体相信保护性价值观不能受到任何伤害，因此人们甚至不会接受自己的保护性价值观指向的客体在现实中正在进行交易的事实。

（六）愤怒

当保护性价值观受到侵犯时，人们会变得愤怒，这是因为保护性价值观具有道德伦理的属性。另外，人们即使仅仅在头脑中想象这样的行为，也会让人感到气愤。

随着研究的深入，研究者发现拥有保护性价值观的个体并不总是在任何情况下都会拒绝交易。当违反保护性价值观的程度较轻或可能性较小时，人们也会接受交易，但同时他们仍然保持对该价值观的强烈信念（Baron & Leshner，2000）。于是，后来的研究者提出了一个与之类似的，但在程度上更为温和的概念——"神圣价值观"（sacred values），并将其作为理解人们决策过程的一个强有力的、可以测量的组织原则（Tetlock，2003；Tetlock et al.，2000）。神圣价值观指诸如人权、生命、爱、尊严等价值观，个体将他们视为不可违反和不可代替的。拥有神圣价值观的人会表现出更低的妥协意愿和更多的拒绝交易行为。无论从概念的内涵上还是特征上看，神圣价值观实质就是保护性价值观，二者是等同的，只是叫法不同。

Baron 和 Spranca 进一步指出，保护性价值观来源于人们关于行为而不是后果的道德义务规则，这些道德义务规则决定了某种行为本身是否被允许执行。如果道德规则禁止某种行为的执行，那么即便该行为可以带来可观的经济利益，或者即便该行为事实上没有或在设想中不会引发任何有害后果，它也不应该发生。由道德准则所禁止的行为本身就不应该被执行，因此，保护性价值观是针对行为本身的准则，它与行为结果无关（何贵兵、奚岩，2005）。

二　保护性价值观与核心价值观

通过对已有研究及相关文献的梳理可以发现，保护性价值观与核心价值观（central values）既有联系又有区别。就区别来讲，首先，二者的分类标准不同。保护性价值观是从是否拒绝交易角度来讲的，而核心价值观是从该价值观是否居于个体、群体、文化价值观的中心位置来讲的。对于个体来讲，Verplanken 等认为，只有那些能够用来定义自我，并且有助于人们对同一性觉知的价值观才是核心价值观（Verplanken & Holland，2002）。只有那些构成自我概念的价值观才是核心价值观（黄雪娜，2010）；其次，保护性价值观具有非常强烈的道德伦理属性，而核心价值观并非全部如此。保护性价值观之所以拒绝与其他价值交易，是因为他们植根于道德或伦理规则（Gibson，Tanner & Wagner，2008）。Baron 等则认为保护性价值观是道德价值观的子集（Baron & Spranca，1997）。实证研究也发现，保护性价值观总是与道德或伦理规则紧密相连（Tanner，Medin & Iliev，2008）。再次，有些核心价值观未必是保护性价值观，同样，有些保护性价值观未必居于价值观体系中的核心位置。由于分类标准的不同，因此保护性价值观和核心价值观存在重叠，但并不完全相同。就联系来讲，从理论以及日常生活经验来看，核心价值观常常会受到保护，同样，保护性价值观也可能更多居于价值体系的核心位置。

三　保护性价值观的测量

自从 Baron 和 Spranca（1997）提出保护性价值观的概念并通过实证研究进行验证之后，后续研究者对保护性价值观的研究一直沿用他们所使用的测量方式和判断标准。具体的测量和判断方法主要有两种：一种是以"绝对不能采取某种违背价值观的行为，不管这种行为带来多大的经济利益或不采取这种行为造成多大的经济损失"作为保护性价值观的判定标准;另一种是以"必须采取某种行为以维护价值观,不管维护这种价值观需要付出多大的代价或不维护这种价值观能够带来多大的利益"为判定标准。典型的测量范式是给被试呈现一系列具体的行为,这些行为均对应着某种具体的保护性价值观,例如"通过使用某种绝对安全的药物来提高儿童的智商"。然后要求被试针对每一具体行为,在如下所提供的选项中进行选择。

A. 我不反对这样做。

B. 如果能够带来足够大的利益,这种行为可以接受。

C. 无论获得多大的利益,这种行为都不能接受。

当被试选择"C"时,可以判定在该种行为上存在保护性价值观。另一种类似的范式也是向被试呈现一系列的具体行为,如"制定法律保护稀有昆虫",然后要求被试针对每一具体行为,在下列选项中进行选择。

A. 只有这种行为能够带来足够的利益时人们才可以这样做。

B. 不管带来的利益多么小,人们都应该这样做。

C. 如果能够给人们节省足够的钱,那么不这样做是可以接受的。

当被试选择"B"时,可以判定在该种行为上存在保护性价值观。

以上两种测量方式主要针对保护性价值观的"绝对性"属性进行。这种测量方式将个体的保护性价值观看作一个"全"或"无"的结构,个体之间在保护性价值观上并不存在保护性强度的差异。对于群体来说,只要有人选择了某个特定的选项,即使这类人再少,那么也应视为存在保护性价值观。而何贵兵等(何贵兵、管文颖,2005)的研究则采用了新的判断保护性价值观的标准:只有当选择保护的人数显著地高于选择不保护的人数,才能判定该情景所对应的价值观在该群体中是受保护的价值观。

随着对保护性价值观研究的深入,越来越多的研究者认为保护性价值观不仅仅是一个"全"或"无"的结构,在不同的个体身上存在着保护性强度的差别(Tetlock, Kristel, Elson, Lerner & Green, 2000; Tanner, Medin & Iliev, 2008; Hanselmann & Tanner, 2008)。尽管某些价值观在特定群体中属于保护性价值观,但在个体身上则表现出保护性强度的差异。并且研究者还陆续开发出新的测量工具用来衡量保护性价值观在个体身上的程度差异。Tanner, Medin 和 Iliev(2008)提出了一个包含四个条目的测量工具，这些条目涉及对保护性价值观拒绝交易、拒绝妥协、不能质疑等特征的测量，但他们并没有给出该工具的信效度等指标。Tanner 等人（Tanner, Ryf & Hanselmann, 2007）则提出了两个版本的保护性价值观测量工具，一个包括四个条目（原始版本，见表 2 – 1），另一个包括五个条目（最终版本，见表 2 – 2）。为了验证该工具的有效性，Tanner 等人设计了两个研究进行验证，结果表明该工具在测量个体的保护性价值观上是有效的，并且建构了该工具的信效度等测量指标。Tanner 等人所提出的测量工具，对于保护性价值观的测量是一个巨大的进步。

在本书中，首先即采用 Tanner 等人提出的方法来测量中国大学生的保护性价值观，目的在于揭示中国文化背景下保护性价值观的结构及特点，并为后续的研究奠定基础。

表 2 – 1　　　　　　保护性价值观测量条目（原始版本）

	非常不同意 ←——————→ 非常同意						
1. 我对此问题的立场可能随着时间而变化	1	2	3	4	5	6	7
2. 无论代价多大，我都不会改变我的观点	1	2	3	4	5	6	7
3. 在这个问题上做出任何的让步我都有困难	1	2	3	4	5	6	7
4. 这个问题包含着一些我们应该在任何情况下都坚持的原则	1	2	3	4	5	6	7

表 2 – 2　　　　　　保护性价值观测量条目（最终版本）

	非常不同意 ←——————→ 非常同意						
1. 无论获得多大利益，我们都不应该破坏	1	2	3	4	5	6	7
2. 这个问题不能用金钱来衡量	1	2	3	4	5	6	7
3. 我认为在这个问题上进行成本—收益分析是合适的	1	2	3	4	5	6	7
4. 这个问题包含着不可侵犯的价值	1	2	3	4	5	6	7
5. 在这个问题上如果需要，我可以灵活对待	1	2	3	4	5	6	7

四 保护性价值观的相关研究

(一) 保护性价值观的分类及结构

关于保护性价值观的分类及结构，已有的研究主要是通过经验主观确定分类及设计问卷。在 Baron 和 Spranca（1997）的研究中，研究者并没有对保护性价值观进行分类，其所使用的测量题目所属的领域主要包括生命健康、生态环境保护、医疗伦理（安乐死）、科技伦理、家庭伦理等范畴；在 Ritov 和 Baron（1999）的研究中，测量题目所涉及的领域范畴包括人类或动物的生命、生态环境和稀缺资源、人的权利和利益、个人崇拜物、艺术作品等；在 Lim 和 Baron（2000）的研究中，研究者考察了二十种价值观，她们大致可以分为生态环境问题、科技伦理、生命伦理、人权等范畴；何贵兵（2001）建议，管理领域中的保护性价值观分类可以从诚信、生产与环境、管理程序、员工权益四个方面来设计。此外，他还通过聚类分析的方法，对中国文化背景下的保护性价值观结构进行了实证研究，结果表明：中国文化背景下的保护性价值观大体可以分为两类，即与自然和人文环境有关的"自然环境和传统文化价值的保护性价值观"以及与人相关的"人伦人权和人际情感的保护性价值观"（何贵兵、管文颖，2005）。奚岩（2005）提出企业管理中的保护性价值观可以从价值主体（企业内、企业间、企业与社会）和价值内容（关于人、关于物、关于制度文化）两个维度进行分类，并进行了验证。沈建忠（2008）研究了行政管理领域中的保护性价值观，认为行政管理领域中的价值观根据行政管理的主客体关系，大致分为"有关服务社会大众"、"与组织有关"和"与特定公民（或群体）有关"三类。辛志勇编制了《保护性价值观调查问卷》，并通过对 600 名大学生的问卷调查，发现大学生保护性价值观结构可分为七类，保护程度由高到低依次为：环境保护、国计民生、爱国爱家、性保护、人际交往、妇女儿童权益、人的自然本性。刘毅（2008）通过自编的《大学生人际关系中的保护性价值观问卷》，从自己和对方两个角度对与恋人、父母和亲密朋友关系中所持有的保护性价值观进行了研究，发现个体涉及的关系对象不同，持有的保护性价值观结构也不同。赵肖芳（2008）对中国传统文化中保护性价值观的研究发现，传统文化中有关保护性价值观的内容多集中于仁、义、孝悌、尊严、正直、正义、诚信、友谊爱情、国家利益、万物生命等几个方面。王佳欣（2009）采用访谈法、开放式问卷法等自编了《大学生保护性价值观问卷》，并在全国范围内对大学生的保护性价值观状况进行了调查。该问卷共分为六个维度，分别是身体保护、环境保护、自身需求、权益保障、公共伦理和政治行为。韩静（2009）使用自编的《大学生科技领域中保护性价值观调查问卷》，对大学生科技领域中的保护性价值观进行了研究，发现大学生科技领域中保护性价值观的结构由五部分组成，保护程度由高到低依次为：环境保护、生命权益、网络信息保护、军事安全和食品安全。宋林（2010）采用自编的问卷对食品企业中的保护性价值观进行了研究，发现食品企业保护性价值观由食品质量因素和食品企业形象两个因素构成。刘毅等（2013）对大学生恋爱过程中的保护性价值观进行了研究，编制了《大学生浪漫关系中的保护性价值观问卷》。该问卷包含两个分问卷：《恋人关系他向评定问卷》和《恋人关系自向评定问卷》。结果表明：《恋人关系他向评定问卷》由伦理道德保护、未来发展保护、面子保护和性格保护四个维度构成；《恋人关系自向评定问卷》由道德责任、关系原则和爱情价值三个维度构成。

关于保护性价值观的分类和结构，由于文化背景、研究领域以及测量方法的不同，研究者得出的结果也各不相同。国外的研究基本上沿用Baron等最先提出来的测量方法，通过主观经验将其进行分类。在国内，研究者越来越注意到了保护性价值观在个体上的程度差异，并通过因素分析、聚类分析等方法探讨其结构或类别。但在保护性价值观的测量上仍然采取的是单指标的测量方式，难以准确地反映保护性价值观的本质和特点，这不能不说是国内研究的一大缺陷。

（二）保护性价值观的文化差异

由于价值观是存在文化差异的，因此也有研究者尝试比较不同文化中保护性价值观的差异，以探讨文化对保护性价值观的影响。Lim和Baron（2000）进行了保护性价值观的跨文化研究，比较了马来西亚、新加坡和美国三个国家中，文化对保护性价值观的影响。结果发现，在这三个国家所代表的三种文化中，保护性价值观既具有相同的一面，如，三种文化中的保护性价值观大体可以分为人权、自然偏好、环境和个人价值等几大类；但又存在不同的一面，表现在三种文化中的保护性价值观在具体保护性强度上存在明显的差异，如，美国比其他两个国家更注重对人权的保护，美国比新加坡更加反对为了控制人口而进行强制引产，新加坡比其他两个国家更注重对种族接纳的保护，新加坡更加反对基因治疗和出售器官，马来西亚比其他两个国家对低工资更少地持有保护性反应，等等。该研究证实了保护性价值观的文化差异性。

由于保护性价值观存在文化特异性，因此探讨保护性价值观就不能脱离具体的文化背景来进行。本书即首先探讨中国文化背景下当代大学生保护性价值观的结构及特点，目的在于了解保护性价值观的文化差异，揭示保护性价值观与文化的关系。

（三）影响保护性价值观与行为决策关系的相关变量

保护性价值观如何影响行为决策，不同的研究者从不同的侧面给出了不同的回答。通过对已有研究的梳理，相关的影响因素主要涉及保护性价值观本身、情境、行为特点、人格特点等方面。

1. 反例

对于保护性价值观所具有的"绝对禁止交易"的特性，Baron（1973）提出了一种可能性：保护性价值观可能来自于个体某种程度的不假思考，从而导致了错误的判断或者过度的概化。例如，人们可能会不假思考地就认为这样的观点是正确的："多少金钱都换不来生命"，而没有考虑到极端的情况或反例。于是，Baron 设想，如果保护性价值观是一种"不假思索"的产物，那么当要求被试思考有关反面例子或极端事件时，就会对被试保护性价值观的"绝对性"提出挑战。

Baron 和 Leshner（2000）通过一项研究证实了该假设。实验的具体过程如下：首先，研究者向被试呈现了 13 种行为情境，这些情境均包含着对某种价值观的违背，要求被试针对所有的行为情境，从 A 和 B两个选项中做出选择。当被试选择 A（不论获得多大的利益，都不会允许这些行为发生）时，被试对该种行为存在保护性价值观。然后，研究者通过两种策略来引发被试对保护性价值观的思考，一种是要求被试想象保护性价值观之间存在冲突时会引发何种结果，另一种是要求被试想象"反例"，使得这种违背行为可以接受。最后，再次呈现之前的行为，并再一次测量被试对每种行为所持有的保护性。

通过对被试前后两次所持有的保护性价值观的情况进行差异检验发现，当要求被试"想象反例"后，被试对保护性价值观的持有率明显下降。该结果证实了研究者之前的假设。个体的保护性价值观可能是一种"不假思索"的产物,反例的思考会迫使被试重新对保护性价值观进行思考,从而大大降低了保护性价值观的持有率。该研究结果对传统的保护性价值观所具有的"绝对性"属性提出了质疑,最近的研究也越来越考虑到了保护性价值观的程度差异。

2. 保护性价值观冲突

如果保护性价值观绝对禁止交易,那么个体同时面对两种保护性价值观时,如何解决冲突?Baron 和 Leshner(2000)的实验结果表明:当两种保护性价值观发生冲突时,被试会深入地对保护性价值观所涉及的对象进行思考,从而增大了某种保护性价值观被弱化的可能。

实验的思路是通过比较人们在"保护性价值观冲突"(PVC)和"非保护性价值观冲突"(NPVC)下的行为结果,来解释保护性价值观的绝对性。在具体的实验过程中,通过两个关乎民生的政府项目预算的削减来设计保护性价值观冲突情境,并且告知被试任何削减都会对项目进展产生明显的影响。因此,人们只能通过两个项目都削减一些或者只削减一个项目预算来解决此冲突。实验的具体过程是:

首先,假设被试是美国总统,需要与议会就政府项目预算进行谈判,在谈判过程中必须要对某些项目的预算进行削减。但是,削减任何项目都可以得到谈判对方的补偿,而且这种补偿的数额比削减的更大。尽管削减会带来更大的利益,但是削减也会明显影响项目的进展。其次,通过七个题目,来测量被试的保护性价值观,并且根据测量的结果抽取出 20 对被试进行匹配,匹配的条件为:一个人对两个项目都持有保护性价值,另一个都不持有保护性价值。最后,要求每个被试对项目的削减情况进行选择。

对被试的选择进行差异性检验发现,在 PVC 和 NPVC 组,人们解决冲突的方式并不存在显著差异。但是在 PVC 组,认为"为了避免削减某个项目而去削减另一个项目在道德上是错误的"比例显著地大于NPVC 组,并且二者的差异检验显著。另外,在 PVC 和 NPVC 组中,认为"冲突总是可以避免"的比例也存在显著差异,这说明被试往往认为保护性价值观在现实生活中并不需要经历严重的冲突。该研究表明:在面对 PVC 时,人们往往通过降低保护性价值观的保护性来避免冲突。

另外,研究者还对价值观冲突的类型进行了进一步区分,试图揭示在冲突情境中,保护性价值观如何影响决策。Hanselmann 和 Tanner

（2008）探讨了保护性价值观和冲突类型对决策困难和负性情感的影响。在研究中，研究者区分了三种价值观冲突类型：禁忌权衡（Taboo trade-off），即一个保护性价值观和一个普通价值观冲突；悲惨权衡（Tragic trade-off），即两个保护性价值观相互冲突；普通权衡（Routine trade-off），即两个普通价值观相冲突。研究发现，保护性价值观和权衡类型分别在决策难度和负性情感上产生了不同的影响结果。Tetlock，Kristel，Elson 和 Lerner（2000）将被试作为评价者，对人们在面对不同的价值观冲突情境下的决策难度和情感进行了研究，发现价值观权衡的类型和决策难度紧密相关。

3. 思维方式

Simon 认为决策有事实前提和价值前提，价值观对决策的影响，要从利害关系和是非关系这两个方面来考虑，前者是指决策方案是否满足决策主体的利益需要，而后者是指决策方案是否符合伦理准则（何贵兵、奚岩，2005）。决策主体在做出价值判断时，通常将二者结合起来考虑，这就涉及思维方式的问题。义务取向的思维方式注重责任，责任指在道德上必须执行或禁止的行为，如要履行承诺或绝不撒谎（Broad，1930）。结果取向的思维方式注重结果，效用或结果是其思维中的核心概念，一个行为的对与错完全取决于该行为所带来的结果（Birnbacher，2003；Anscombe，1958）。由于保护性价值观在概念上具有道德属性，于是 Tanner 等人（Tanner，Medin & Iliev，2008）研究了义务取向和结果取向的思维方式、保护性价值观与行为选择和框架效应的关系。结果发现：保护性价值观与义务取向高度相关，而与结果取向相关较低。具有强烈保护性价值观或义务取向的个体并没有显示出框架效应。陈莹（2010）也采用相同的范式对保护性价值观、结果取向和义务取向的思维方式和框架效应的关系进行了验证，结果也发现保护性价值观与义务取向具有较高的显著正相关，高保护性价值观、低义务取向结果的个体在进行决策时，不存在框架效应。低保护性价值观、高结果取向的个体，其行为决策存在框架效应。

4. 忽略偏差（Omission Bias）

忽略偏差是认知偏差的一种类型，它一般指的是这样一种倾向：与带来同等程度伤害的忽略（如不作为任由某人死去）相比，人们通常认为伤害性行为（比如行为本身会导致某人死去）更加糟糕和不道德。

在具体的研究情境中，一般给被试呈现一个故事，故事情境涉及由行为或者忽略引起同样性质的伤害，而且忽略引起更大数量的伤害。例如，一种罕见的亚洲疾病可能导致的死亡率为万分之五，为应对该疾病开发的疫苗可以减小死亡率，但其疫苗本身也会导致万分之一的死亡率。在这种情况下，尽管行为（注射疫苗）导致的死亡率更低，但人们仍然会反对注射该疫苗（忽略）。

Ritov 和 Baron（1999）的研究发现，与其他价值观相比，持有保护性价值观的个体显示出更强的忽略偏差，因此研究者推断，保护性价值观更多地与行为本身有关，而不是行为的结果。该结论也得到了其他研究结果的支持（Markman & Medin，2002）。但也有研究表明保护性价值观与行动（而不是忽略）联系得更加紧密（Tanner & Medin，2004）。产生这种不一致的结果可能有两个方面的原因：一个是研究所采用的任务情境不一致，这是以后保护性价值观研究方法的一个改进之处（Tanner & Medin，1998）。另一个是对个体保护性价值观的测量采取的是"全"或"无"的方式，很难精细地区分保护性价值观的个体差异。

5. 决策角色

Brennan 和 Lomasky（1993）在研究中发现，当人们处于民意测验受调查者（仅态度陈述）角色时，相比实际投票者（或决策者），他们会表现出更强烈的保护性价值观。Baron（2002）的研究还发现，当人们必须对自己的决策行为负责时，保护性价值观对决策的影响就大大降低了，保护性价值观好像并没有发生作用。此外，Baron（2004）还通过实验证明了，人们的决策角色会影响保护性价值观的表达。实验通过设计一般公民和政府决策者两种不同决策角色，来了解决策角色和保护性价值观的关系。实验的具体流程如下（见图 2 - 1）：

首先，设计如下实验情境：假设政府提出了一个挽救生命的项目，但该项目也会导致某些珍贵原始资料消失。要求被试回答六个问题来测量其价值观的保护性，其中判定被试是否具有保护性价值观的问题是：如果代价足够小或挽救生命带来的利益足够大的话，则该政府项目是可以执行的。被试对此问题的否定回答，就可以判定被试对其持有保护性价值观。

其次，继续呈现上面的实验情境，其中部门 A 表示将执行该项目，部门 B 表示不会执行该项目。在此阶段，要求被试承担如下两种不同的决策角色：

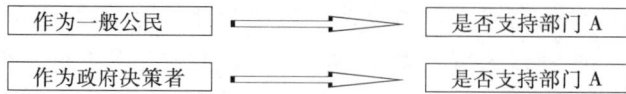

| 作为一般公民 | ⟶ | 是否支持部门 A |
| 作为政府决策者 | ⟶ | 是否支持部门 A |

图 2 - 1 实验流程图

最后，比较在不同决策角色下，持有保护性价值观的人和不持有保护性价值观的人在支持部门 A 的比例上的差异并进行检验，结果发现在持有保护性价值观的人中，处于决策者角色和一般公民角色，在支持部门 A 的比例上是存在显著差异的；另外，研究还发现不论被试是否持有保护性价值观，当其处于决策者角色时，都倾向于支持部门 A。该实验的结果证实了，不同的决策角色会显著地影响人们保护性价值观的表达。

以上的研究均表明：保护性价值观的表达与个体所承担的角色紧密相关，实际上是个体在任务情境中的价值卷入程度不同，影响了个体保护性价值观的表达。因此，价值卷入程度很可能是保护性价值观和行为决策关系的一个重要影响变量。本研究将对此假设进行检验。

6. 行为特点

当违背保护性价值观的行为带来的危害很小，或者发生的概率较低时，人们违背保护性价值观的行为会明显增多，从而获得更大的利益（Ritov & Baron，1990）。另外，Royzman 和 Baron（2002）的研究发现，行为伤害是否具有直接性，也会显著地影响人们保护性价值观的表达。当行为并不能带来直接的伤害时，人们违背保护性价值观的行为就会增多。对此，研究者推测这很可能与人们道德评价的参照物局限在"伤害具有直接性"有关。

以上研究对本研究的一个重要启示是人们的道德观念或者道德评价体系可能会影响人们的保护性价值观，这实际上也与"保护性价值观来源于人们的道德伦理准则"的论断是相吻合的。因此，通过实验操纵人们的某些道德观念，可能会间接影响到保护性价值观的表达，进而影响人们的决策行为。本研究也将对此进行检验。

7. 框架效应

框架效应一般是指由于对相同信息的不同表达，而导致人们决策结果不一致的现象，由 Tversky 和 Kahneman（1981）在研究中率先发现。例如，有两个加油站，在加油站 A，每升汽油卖 8.6 元，但如果以现金的方式付款可以得到每升 0.6 元的折扣；在加油站 B，每升汽油卖 8.0 元，但如果以信用卡的方式付款则每升要多付 0.60 元。显然，从任何一个加油站购买汽油的经济成本是一样的。但大多数人认为：加油站 A 要比加油站 B 更吸引人。

Tanner 和 Medin（2004）探讨了保护性价值观、框架效应和决策的关系，结果发现，拥有保护性价值观的人更容易偏好于行动而非忽略。与以往研究的不同之处在于，在该研究中，研究者通过排列组合积极/消极和行动/忽略这两组变量，设计了一个更加平衡的实验情景，这可能是导致不同研究结果的关键，见图 2 - 2。保护性价值观与框架效应的关系，还需要作进一步的研究。

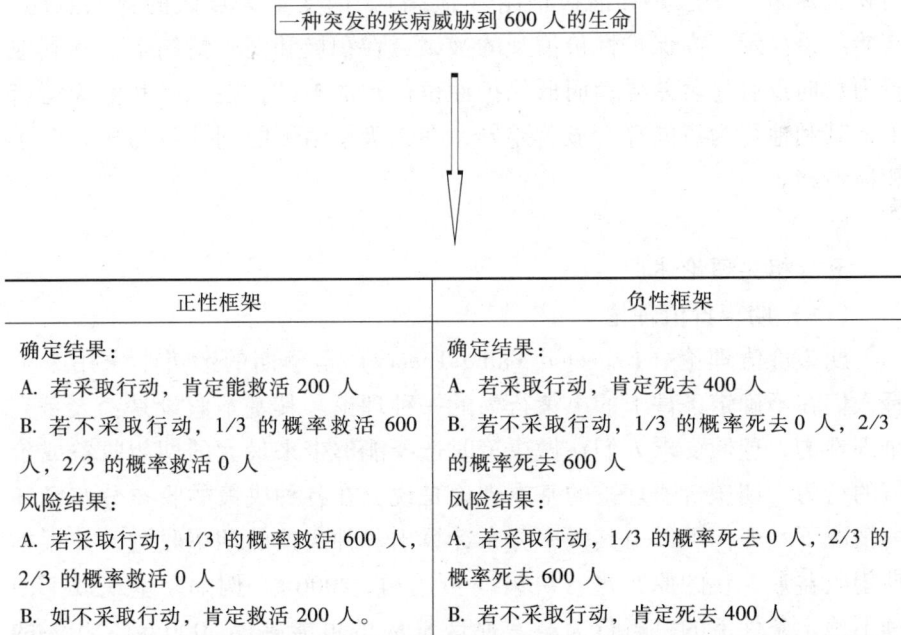

正性框架	负性框架
确定结果： A. 若采取行动，肯定能救活 200 人 B. 若不采取行动，1/3 的概率救活 600 人，2/3 的概率救活 0 人	确定结果： A. 若采取行动，肯定死去 400 人 B. 若不采取行动，1/3 的概率死去 0 人，2/3 的概率死去 600 人
风险结果： A. 若采取行动，1/3 的概率救活 600 人，2/3 的概率救活 0 人 B. 如不采取行动，肯定救活 200 人。	风险结果： A. 若采取行动，1/3 的概率死去 0 人，2/3 的概率死去 600 人 B. 若不采取行动，肯定死去 400 人

图 2 - 2　Tanner 和 Medin 框架效应范式图

8. 情绪

情绪对人们的决策行为有着广泛的影响。它不仅能够直接影响人们的决策，而且还能够通过影响人们的认知，间接影响人们的决策行为（Johnson & Tversky，1983；Lerner & Keltner，2000；Dolan，2002）。大量的研究发现，人们有选择地提取与加工和当前情绪一致的信息，如处于愉悦情绪状态下的个体会记起更多令自己愉悦的事情，对事物做出乐观的判断和选择；而处于消极情绪状态下的个体容易回忆更多令自己伤心的事情，做出悲观的判断和选择。保护性价值观作为个体的一种认知结构，其很可能会受到情绪的影响，并进而影响到人们的决策行为。针对此假设，刘明威（2013）以利他行为作为任务框架，对保护性价值观、情绪与行为的关系进行了实验研究。实验采用四因素的完全随机设计，自变量包括四个：结果类型、任务框架、保护性价值观和情绪。其中，结果类型包含两个水平：分别为肯定结果和风险结果；任务框架包含两个水平：分别为正性框架和负性框架。保护性价值观包含两个水平：分别为高保护性价值观组和低保护性价值观组。情绪包含两个水平：分别为积极情绪（快乐）和消极情绪（愤怒）。因变量为被试的救人意愿。实验结果显示，高保护性价值观的被试，在积极和消极情绪下，其利他行为意向没有显著差异；而低保护性价值观的被试，在积极和消极情绪下，其利他行为意向存在显著差异，在消极情绪下的利他行为显著多于积极情绪。

五　相关理论述评

（一）期望价值理论

期望价值理论（Expected Value Theory）是早期的经济学家用来解释人们在不确定条件下的决策行为的一种理论。其基本假设是：人是完全理性的，理性要求人们在做决策时选择能够带来最大的期望收益或价值的行为。期望价值理论的基本理论是说，在各种决策的收益分布已知的情况下，人们可以由其概率分布计算出各种决策的期望收益，并根据期望收益最大化的原则进行决策（董志勇，2006）。例如，呈现以下两种不确定条件下的决策行为：一种是80%的可能赢得5000元，20%的可能输掉3000元；另一种是40%的可能赢得6000元，80%的可能输掉2000元。你会选择哪种博彩进行投资呢？根据期望价值理论的预测，人们会选择第一种。因为，由理性计算可知，第一种的期望收益为3400 元，而第二种的期望收益为 800 元。人的完全理性要求人们选择预期价值更大的行为。从上面的例子可以看出，期望价值理论可以有效地解释不确定条件下人们的决策行为。

（二）期望效用理论

1944 年，Von Neumann 和 Morgenstern 首先提出期望效用理论（Expected Utility Theory），后来经过 Savage（1953）、Arrow（1965）和 Pratt（1964）等人的补充和完善后，逐渐成为经典的决策理论之一。最初的期望效用理论假设，人们选择风险决策方案的过程是符合效用原理的，因此决策者必定选择期望效用值最大的那个方案。那么如何确定期望效用就成了个人决策的关键？在该理论满足可比较性公理（Comparability Axiom）、连续性公理（Continuity Axiom）、概率不等公理（Unequal-Probability Axiom）、传递性公理（Transitivity Axiom）、独立性公理（Independence Axiom）和可分性公理（Decomposability Axiom）的前提下，Von Neumann 和 Morgenstern 给出了期望效用定理：个体存在定义于预期集合 Y 上实函数 u，使得（1）当且仅当 $u(y_1) > u(y_2)$ 时，$y_1 > y_2$；（2）某预期 y 可能出现的后果集合 x_1, x_2, $\cdots$, $x_s \in X$，以及相应概率 $0 \leq \pi_i \leq 1$, $i = 1, 2, \cdots, s$, $\Sigma \pi_i = 1$，从而推出该预期 y 的期望效用：$u(y) = u(\pi_1, \cdots, \pi_s x_1, \cdots, x_s) = \pi_1 u(x_1) + \pi_2 u(x_2) + \cdots + \pi_s u(x_s)$。这个定理表明，一个预期为 y 的方案实施后获得的效用等于该方案实施后可能出现的各种后果 xi 的效用与相应概率的乘积之和（施海燕、施放，2007）。

与期望价值理论类似，期望效用理论也描述的是"理性人"在风险决策中的行为。但在实际的决策过程中，人常常并不是完全理性的，而是会受到任务情境、个人情绪、价值观和动机等因素的影响，其决策过程也是存在心理机制的。因此，用期望效用理论来解释人的真实决策过程还存在很多局限，需要继续对该理论进行修正、补充和完善。

（三）前景理论

Kahneman 和 Tversky（1979）提出了前景理论（Prospect Theory）。与期望价值理论和期望效用理论用来解释理性行为不同，前景理论用来解释人们的实际决策行为。前景理论有以下三个基本原理：（a）大多数人在面临获得的时候是风险规避的；（b）大多数人在面临损失的时候是风险偏爱的；（c）人们对损失比对获得更敏感。

前景理论用两种函数来描述人的选择行为：一种是价值函数，替代了期望效用理论中的效用函数；另一种是决策权重函数，替代了期望效用理论中的概率。人们在风险下的决策是由价值函数和权重函数联合决定的。

1. 价值函数

前景理论中的价值函数（图2-3）是相对于某个参考点的利得和损失，价值函数有如下四个特点：第一，价值函数是单调递增函数；第二，价值函数是定义在相对于某个参考点的利得和损失，它是一条以参考点为原点，以收益为自变量的单调递增函数；第三，价值函数呈 S型，即在面对利得时是凹函数，体现出风险厌恶的特征，而在面对损失时是凸函数，体现出风险偏好的特征；第四，价值函数在损失部分的曲线要陡于收益部分的曲线。

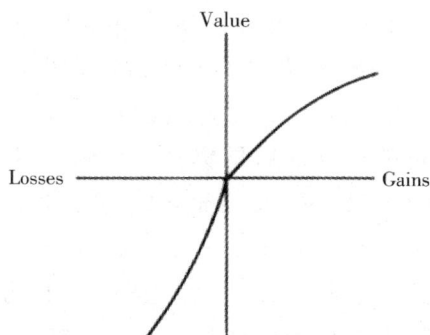

图2-3 价值函数

2. 权重函数

前景理论以不确定事件的概率作为效用函数。权重曲线是一条斜率大于0，小于1的曲线（图2-4）。权重函数具备以下属性：（a）权重函数是概率 p 的增函数。（b）除极低概率事件外，权重函数值通常比相应的概率低。（c）极高和极低概率事件的权重主要取决于个体的主观感觉。

（四）解释水平理论

解释水平理论（Construal Level Theory，CLT）是一种社会认知取向的心理学理论，其核心观点是人们对客观事物的心理表征具有不同的抽象程度即解释水平，而解释水平取决于人们所感知的与认知客体的心理距离，进而影响了人们的判断与决策。根据 CLT，对于不同心理距离的认知客体，人们采用不同水平的心理表征。对于心理距离较远的认知客体，人们倾向于采用使用上位的、抽象的和本质的表征来解释事件（高水平解释）；对于心理距离较近的认知客体，人们更可能使用下位的、具体的和表面的特征来解释。如，Liberman 与 Trope（1998）在研究中要求被试假想并描述他们将在近期（心理距离较近）或一年后（心理距离较远）经历一些诸如阅读一本科幻小说、搬到新的公寓、与家人共度周末等日常活动。结果发现，高水平的解释在远期事件中更为普遍，而低水平的解释在近期事件中更为普遍。高水平解释和低水平解释的特征对比见图 2-5。

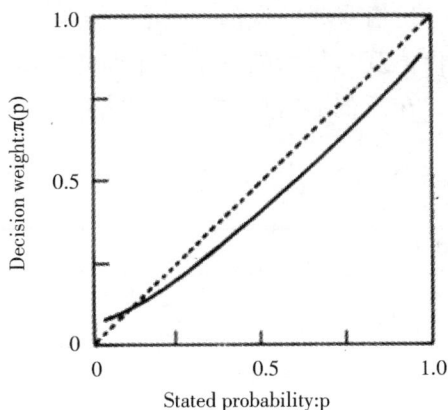

图 2 - 4　权重函数

对于价值观来说，由于价值观是一种抽象程度较高的心理建构，因此可以预期价值观在预测心理距离较远的行为意图时，其预测效果更好。对于该假设，Eyal 等人（2009）通过四个实验检验了由于时间变化而引起的价值观和行为意图关系的变化。在实验 1 和 2 中，研究者首先采用 Schwartz 的价值观量表对被试的价值观进行测量，然后呈现一些典型的生活情境，这些情境或发生在本周（近期未来），或者发生在几个月后（远期未来）。每一个生活情境隐含一个与先前测量的价值观相一致的行为，如"家庭聚会"的生活情境与"传统"的价值观相一致。

要求被试着对生活情境中事件发生的可能性进行评价。实验 1 和 2 的结果支持事件发生的心理距离会调节价值观和行为意图的关系。远期未来情境比近期未来情境，价值观与行为意图的一致性关系更强。在实验 3 和 4 中，研究者进一步探讨了事件发生的可行性特征、解释水平等变量对价值观和行为意图一致性关系的影响，结果发现低水平解释的可行性特征能更好地预测近期未来事件中的行为意图，并且当被试者形成抽象的行为解释时，价值观能更好地预测行为意图。根据 CLT 的观点，核心的价值观包含了对行为的高水平解释，而次要的、边缘的价值观包含了对行为的低水平解释。因此，当考虑远期情境时，更为核心的、高级的价值观可能被激活，并引导人们做出行为选择。随着人们与情境的临近，行为选择可能更多地依赖于次要的、附属的价值观。最近的研究（Torelli & Kaikati，2009）也发现，当个体对行为进行抽象的分析思考时，更可能表现出与价值观相一致的判断和行为。总之，建构水平理论认为心理距离影响价值观与行为的关系，在远的心理距离下，价值观与行为表现出一致性；在近的心理距离下，二者的关系有所改变（陈莹、郑涌，2010）。

高水平解释	低水平解释
抽象	具体
简单	复杂
结构化、连贯	无组织、不连贯
去背景化	背景化
首要的、核心的	次要的、表面的
上位的	下位的
与目标有关的	与目标无关的

图 2 - 5　高水平和低水平解释的特征比较

来源：孙晓玲、张云、吴明证：《解释水平理论的研究现状与展望》，《应用心理学》2007，13（2），第 181—186 页。

（五）神圣价值观保护模型

Tetlock（1999）提出了神圣价值观保护模型（Sacred-Value-Protection Model，SVPM）用来解释人们如何应对对神圣价值观（即保护性价值观）的威胁。SVPM 假设人们通常采取两种策略来应对对保护性价值观的威胁：道德愤怒和道德净化。

1. 道德愤怒

SVPM 预测，当观测者相信决策者怀有禁忌的想法时，他们就会产生道德愤怒，这种愤怒包含认知、情感和行为成分：对破坏规范者实行更严厉的评价标准、愤怒、蔑视，甚至厌恶破坏规范者；对规范的维护者则给予热心的支持（Coleman，1991）。该模型还假设如果观察者相信决策者在保护性价值观折中问题上考虑的时间越长，那么观测者对决策者产生的愤怒也会越激烈，即使最后决策者做出了支持保护性价值观的选择。

2. 道德净化

SVPM 预测，当决策者意识到他们仅仅对保护性价值观交换进行思考时，他们也会采取道德净化的象征性行为来重新确认他们与所在道德团体的同一性。但是，SVPM 与认知失调理论并不相同。第一，SVPM 预测决策者并不需要做出违反规范的行为，仅仅决策者在头脑中闪现出违反规范的念头，他们就会做出道德净化的行为来补偿（Gilbert，1991）。第二，个体考虑价值交换的时间越长，其思想上受到的污染就越大，与集体就越疏远。与失调理论只聚焦于维护个体的心理平静和保护个体的自我想象不同，SVPM 对道德愤怒和净化分配了双重功能：内心表达功能用来确认自身的道德价值，人际工具功能用来维持外部的道德秩序。第三，SVPM 强调了道德秩序的违反与规范—维护愤怒以及规范—示例道德净化行为之间的紧密的象征性联系。当道德秩序的外围遭到破坏时，首要的是要弥合这些裂缝，而不是去加强那些仍然坚固的边缘（Stone，Wiegand，Cooper & Aronson，1997）。而失调理论认为个体的同一性破坏行为和同一性恢复策略之间的联系是松散的。第四，尽管失调和自尊研究者常常在个体面对自我威胁时的各种应对反应之间发现其相互替代性（Simon，Greenberg & Brehm，1995；Tesser & Cornell，1991），但是 SVPM 考虑到了当保护性价值观面临威胁时，个体的愤怒和净化反应之间的补偿性以及过度替代关系。

（六）自我价值定向理论

金盛华教授经过二十多年的感悟和系统研究提出了自我价值定向理论（Self-worth Orientation Theory）（金盛华，2009）。该理论包括四个基本命题和五个主要概念。

1. 自我价值定向理论的原理：四个基本命题

在自我价值定向理论（Self-worth Orientation Theory）之中，自我价值作为理论原发基点，既是一个具有哲学意味的词汇，又是一个可以进行科学实证的心理学科学词汇。为此，这个理论也是从哲学命题出发，又落脚于心理学实证的一个社会心理学理论建设尝试。

（1）人需要解释自我及所在的世界

人是理性的、社会性（经过社会化）的动物，人的理性思维寻求事物的理由（合理性）。为此，人是需要解释的动物，需要建构解释包括自己和他人在内的内外世界的理由体系，并在其中找到自我和自我的意义。人不为做什么和付出什么痛苦，但人一定会为做了和付出了而不能解释痛苦。人在自然的生存倾向（Freud 称为"生的本能"）之外，一生都在不停息地完成一件必须完成的事，即不断建构和完善有明确的自我定位和清晰的自我意义的解释体系，并且使之与自己不断变化的生存状况相适应。当个体的解释体系出现混乱，自我就出现迷茫，行为就出现混乱。心理学中的诸多理论，如归因理论、认知不协调理论、平衡理论、社会比较理论、内隐人格理论等，虽然表述各有不同，但相一致的是都有"人需要解释世界"的隐含命题作为理论的逻辑出发点。

需要说明的是：人的所谓有限理性和非理性，本质上都不是对立理性的反理性，而是理性的一种表达形式。

在人的解释需要之中，自我解释体系的建立具有核心地位。人需要解释世界，更需要解释自己，解释自己与外部世界的联系，解释自我存在的理由和自我行为的理由。而所有这些解释，都是以自我解释体系的建立为基础的。对于个体而言，自我有意义，一切才有意义；自我没有意义，一切则全无意义。存在主义哲学家卡穆斯说过，人一生的全部努力，都在于使自己相信，人生不是荒谬的。从哲学的角度说，人的诞生是偶然的，生命原本并没有意义，自我意识在特定社会条件下产生之后，人才通过自我的寻求和建构派生出生命的意义。

人生意义的寻求是伴随自我意识变化的不断演进的动态过程，由于其不可能随自然生命的诞生而先天而生，因此人一生都在试图寻找自己和用特定概念体系定义自己，以寻找自我生命的理由，解释自我生命的意义。当生存本身已经解决后，这个命题就会变得更加迫切。

（2）人寻求自我价值

人在社会化过程中诞生自我意识之后，产生了一系列的内外生命理由，但在全部的生命理由之中，自我价值——即"自我的存在有价值"，才是根本的理由。人的一生都在试图营建自我生命的理由体系——自我价值体系。自我存在有价值，生活与生命才是有理由的。自我价值是自我存在理由和自我行为理由的出发点。人的一切努力，都是为了证明自身的价值。人先定地寻求自我价值，并以努力证明自己的方式表现出来，而逃避否定自我价值的事情发生。当自我价值体系（即人解释自我和世界的理由体系）混乱时，人就有矛盾和冲突，用自我价值定向理论的语言来解释，就是会产生价值冲突，即主体由于不能同时实现对主体有价值的不同目标而引发自身的矛盾。矛盾的解决途径，是主体建立价值序列，最终明确并选择对自己具有最重要价值的对象。为此，人的自我意识一经诞生，就总是被自我价值追求和自我价值确立的需要所牵引。

虽然在人生的不同阶段自我价值内容构成会逐步从简单到复杂、从表浅到纵深有很大的变化，但人对自我价值寻求和自我价值确立的需要却是始终一贯的。自我价值提供了人全部解释世界、解释自己以及解释自己与外部世界联系的根本基点。自我有价值，生命才有理由，世界的一切对于主体才具有价值。当自我价值毁灭时，世界的一切价值也会随之毁灭，生命也就不再有理由。

在一切自我价值支持资源之中，他人，尤其是重要他人对自己的承认是最为重要的资源。为此，人在自我价值寻求中对他人对自己的评价和反馈高度敏感。按照库利（Cooley，1902）的镜像自我理论，人的自我早期的形态是他人对自我态度的折射的镜像自我。人的自我也正是在镜像自我的基础上发展起来的。

（3）自我价值是自我行为的终极理由体系

由于自我价值的基础与核心地位，自我实际上成为了个体自身和整个世界的价值发生和诠释的中心，而其价值发生和诠释的逻辑就是自我价值。一切与个体发生相互作用的客观事物，必须通过个体自我价值体系的转译，才获得价值和对个体自身的意义。世间万物，包括个体自身，只有在与主体发生关联并被主体意识到，并做出价值选择的时候，才有意义的产生。哲学上，没有与主体发生关联的对象是自在的。

人的行为的具体动机是十分复杂的，但一切动机都与一个根本的价值核心即自我价值相关联。自我价值凝集了全部自我与行为的关系。一切行为，在本质上始于自我价值而又归结于自我价值。自我价值作为自我行为的出发点，不但具有基础的解释作用，还决定着一个行为及其有关的对象对于个体的终极意义。当一种对象对于个体的意义与自我价值相一致时，自我价值会为与这种对象有关的行为输出源源不断的动力，输出动力的大小则决定于有关对象在个体自我价值衡量上的价值高低。一个对象对于自我价值越重要，自我投入这一对象的心理资源越充分，有关行为的动机也越强，反之则越弱。不过，随着自我的状况不同和自我选择的价值定向不同，同一个对象对于自我的价值可能是变化的。随着一个对象对自我价值的衰减，自我的与对象有关的行为也会随之缺乏后续动力。

（4）自我价值定向决定人与自身及环境（包括其他个体）的关系

自我价值定向指个体用以衡量自身价值的价值标准和价值体系的选择。个体的自我状况和既存的自我价值体系状况，是由其自我价值定向决定的。自我价值定向决定着个体指向特定对象（包括自身）和在特定情境中的自我体验和社会行为，也决定着个体与周围世界、他人及其与作为客体的自我的关系，还通过影响个体的行为而决定其自我的发展方向。周围世界的客体、他人及环境对于个体的意义（当个体将自己当作客体来认识时，自我也同样是对象），也受个体的自我价值定向的制约。

随着个体的自我价值定向不同，相同客体对于主体的价值也会随之不同。为此，个体的行为及其同他人、环境与自我的关系，决定于个体的自我价值定向。个体的自我价值定向与既有的客体自我通常是融合一致的，即主体的价值追求与对客体的价值评判是一致的，客体的自我价值状况成为了主体价值追求的背景。但在极端情况下，客体自我会与自我价值定向分离，并成为主体实现自我价值的工具。

需要说明，作者提出的这种行为的自我价值决定论，目的是寻找到解释、预测和控制行为的真正心理机制。强调自我价值在行为上的定向作用，并不意味着否定环境的影响，而在于强调"外因通过内因"而起作用，环境的影响归根到底是通过个体自身的因素，经由自我价值的评价和选择机制折射而实现的。而个体自身众多的因素中，自我价值具有中心地位。

2. 自我价值定向理论的核心概念

（1）自我价值（self-worth）

自我价值即个体选择一定的价值标准对自身进行价值评判所获得的关于自身总体价值的概念。它是个体通过择定的价值标准，对自身进行反身价值评判（即以自身为对象的价值评判）的结果。

（2）自我价值定向（self-worth orientation）

自我价值定向指个体用以评价自身价值的价值标准和体系的择定。个体的自我价值定向会直接影响其解释事物的思维方式和与有关事物关联的行为选择。不同个体的自我价值定向可能具有很大甚至根本性差异。从既有研究的积累看，在自我发展的意义上，影响自我（价值）现状的重要因素有三个：①个体依据自身经验历程的自我价值定向；②作为个体自我价值定向产生背景的一般社会价值取向（一个社会的文化核心，即是其价值取向）；③冲击个体自我价值感，并引发自我价值重构的情境性或事件性的社会经验。

（3）自我价值感（sense of self-worth）

自我价值感指个体对自身价值评判结果的体验。当人们使用一定的价值标准或体系对自身进行价值评判，并获得关于自身总体价值的概念的同时，人们也会产生对自我价值评判后果的体验。如果在个体择定的价值标准之上，获得的自我价值判断结果是肯定的，则个体会获得积极自我价值感，就可以体验到自我价值肯定，并产生积极的自尊和自信。反之，如果在个体择定的价值标准之上没有得到支持自我价值的结果，则个体的自我价值感是消极的，会体验到消极的自尊和自信，并由此产生自卑和自我贬低。

（4）自我价值支持

自我价值支持指支持个体自我价值确立的内外心理资源。个体的以自我价值感形式被体验到的自我价值状况，决定于两个因素，一是自我价值支持，二是自我价值定向。前者是客观的自我价值依托，后者是自我价值的诠释体系及其倾向。当个体的自我价值定向体系处于暂时稳定的状态时，自我价值支持资源越多，个体的自我价值感越积极，并会向内表现出更为肯定的自我概念，向外表现出更为积极的自尊和自信的特点。为此，家境优越、高社会地位、高收入、成绩优秀、成就杰出等显见的自我支持资源，都会使人有更为积极的自我价值感，并在内在的积极自我概念和外在的自尊和自信中体现出来。而当个体的自我支持资源相对稳定时，个体的自我价值感则决定于其自我价值定向，即用什么样的价值标准来衡量或诠释自我价值。自我价值定向理论假定，个体的自我价值定向越是向内在精神信念的因素倾斜，个人有稳定、牢固的价值信念和对信念的坚守，则外在的物化自我支持资源对个体自我价值感的影响就越小，因而这种特征的个体自我价值的稳定性也越高。反之，如果个体的自我价值支持中缺乏稳定的精神信念和对信念的坚守元素，则个体自我价值对于物化自我价值支持资源的依赖就越高。这种个体的自我价值定向和自我价值感，会随着物化的自我价值支持资源的变化而变化。

（5）自我价值保护（self-worth defense）

自我价值保护是指个体为了保持自我价值的确立，心理活动的各个方面都有一种防止自我价值遭到否定的自我支持优势心理倾向。自我价值定向理论的这一原理假设，个体在没有建立对一种价值体系的安全感之前，不会接受这种体系之中的价值观；另一方面，个体更不会接受一种否定自己价值的价值体系，并将其选作自我价值评价体系，因而否定自我价值的价值体系不可能成为个体自我价值定向的构成部分。在个体的自我价值定向与社会的价值倡导不相一致的时候，个体会发展其一系列的自我价值保护机制，来维护自我价值定向的合理性。当这种自我价值选择与社会价值倡导的分离具有长期性的时候，个体会发展起价值认知与自身实际价值取向分离的价值二元化，作为自我价值保护同时有适应社会的方式。

自我价值保护现象和机制的存在，已经被社会心理学诸多研究领域中积累起来的大量研究结果所证明，这些研究揭示，任何个体，其心理活动的各个方面，从知觉信息的选择到内部的信息加工，从对行为的解释到人际交往，从价值观的选择到精神信仰的形成，都具有明显的自我价值保护倾向。

自我价值定向理论作为系统地解释人们行为选择内部心理机制的理论体系，得到了众多的前人研究和理论观点的支持。在本研究中，即尝试使用该理论框架对保护性价值观影响行为决策的内部心理机制进行阐释。

（七）理论比较与评价

无论是期望价值理论强调的"价值最大化"，还是期望效用理论主张的"效用最大化"，二者的基本假定都认为人是"完全理性的"。其实质均是用假想人的虚拟决策行为来模拟真实人的正常决策行为。很明显，这种模拟尽管能够部分地说明人的决策过程，但并不能精确解释人的决策行为，因为假想人与真实人存在着诸多的不同。假想人呈现了现实中真实人决策行为的理性特征，而摒弃了真实人的感性特征，其决策行为很难与真实人完全一致。因此，该理论难以解释 Allais 问题、共同比率效应等问题（周国梅、傅小兰，2001）。与二者不同，前景理论用来解释的恰恰是人真实的决策行为（或称日常决策）。在日常决策过程中，信息往往纷繁复杂，相互关联。与之相矛盾的是：个人的理解分析能力是有限的，决策往往又无法经过深思熟虑，需要短时间内尽快做出。在这种情况下，大多数人既不具备精确的计算能力，也不可能有时间去计算各种可能的概率，这时候，影响甚至主导人们决策的往往是人的感性特征，如情感、直觉、偏好、价值观等，单单假定个人是理性的，是对个人非理性要素的忽略。因此前景理论并没有区分理性与非理性，以及风险偏好，它认为这些都是会变化的。由此可见，与期望价值理论和期望效用理论相比，前景理论解释的是人们实际决策过程中的行为，是一个巨大的进步。但前景理论的不足也很明显，主要是它作为一个描述性的模型，和规范性模型相比，缺乏严格的理论和数学推导，只能对人们的行为进行描述，换句话说，它只是说明了人们会怎样做，而没有告诉人们为什么会这样做。另外，该理论对价值观在人们决策过程中的作用也没有做过多的涉及。解释水平理论从心理表征的角度对价值观进行了描述，并揭示了心理距离对价值观和行为一致性关系的影响作用，但该理论关于价值观的心理表征更多的是一种推测，缺乏实证证据的支持，而且该理论也没有对价值观如何影响行为作出详细的阐述。SVPM 是一个专门针对保护性价值观和行为关系的模型，但与前景理论类似，SVPM 也更像是一个描述性模型，而非解释性模型，其也只描述了人们在保护性价值观面临威胁时的一些情绪和行为上的表现，而并没有深究其内部心理机制。自我价值定向理论则系统地解释了自我价值在个体行为选择中的决定性意义和内在心理机制，并已得到了众多的前人研究和理论观点的支持（金盛华，2005；李朝旭，2004；黄雪娜，2010）。作为系统解释自我价值和行为选择关系的理论模型，本研究即尝试采用该理论来解释个体的保护性价值观对行为决策的影响，以进一步验证，并丰富和发展该理论。

第三章　问题的提出与研究总体框架

第一节　问题的提出

一　已有研究的不足

与价值观研究的全面、深入、成果众多相比，关于保护性价值观的研究则较为零散、肤浅，研究成果也较少。国外的保护性价值观研究已经全面转向对保护性价值观心理机制的深入探讨，而我国目前对保护性价值观的研究仍然以对保护性价值观的判定、分类、测量为主，只有零星的研究涉及对保护性价值观和行为决策关系的探讨。就是在这些零星的研究中，无论是在研究方法还是在研究设计上均存在着明显的不足，主要表现为如下几点：

第一，由于文化的多样性和差异决定了价值观的多样性和差异，因此不同文化背景下的保护性价值观并不完全一样。已有的关于保护性价值观的跨文化研究已经证明了这一点（Lim & Baron，2000）。国外关于保护性价值观的研究在经历了一段时间的沉寂后，最近几年逐渐增多。对保护性价值观的研究也从开始的对其测量方式、类型的探讨，逐渐转向探讨保护性价值观对行为和决策的影响、保护性价值观的形成和改变、保护性价值观的神经生物基础等方面（Berns et al.，2012；Sheikh，Ginges，Coman & Atran，2012）。这说明保护性价值观的研究已经得到了国外研究者的高度重视。而国内对保护性价值观的研究明显薄弱，除了仅有的几个研究者之外，研究的内容也基本仍然停留在对保护性价值观结构和特点进行探讨的静态层面，无论在研究的广度和深度上都远远落后于国外研究者。因此，迫切需要研究中国文化背景下的保护性价值观，以补充和丰富该领域的研究成果。

第二，传统的保护性价值观研究，绝大多数采用 Baron 和 Spranca

（1997）研究中使用的测量方法，将保护性价值观作为"全"或"无"的二分变量来对待，没有考虑到其在不同个体之间的程度差异。最近越来越多的研究认可了保护性价值观"量"的差异，并尝试开发了符合测量学要求的测量工具。特别是 Tanner 等人（Tanner, Ryf & Hanselmann, 2007）提出了一个包含多个测量指标的、更为全面的保护性价值观测量工具，并对此工具进行了验证，显示出良好的测量效果。基于此，在本书中拟采用该工具测量保护性价值观的个体差异，并探讨保护性价值观的个体差异对行为决策的影响。与前人的研究相比，研究更为精确、科学。

　　第三，保护性价值观作为价值观念的一种，其对行为的影响是必然的（Irwin & Baron, 2001; Feather, 1988b, 1992）。但是，现有的研究并没有对保护性价值观如何影响行为，以及不同的决策情境下保护性价值观与行为一致性的关系做出深入的探讨。价值观所具有的评价功能，使得同一事物对人们所赋予的含义和重要性并不相同，进而导致人们在面对同样的决策情境时，其行为选择也多种多样。已有的研究发现，价值观激活和价值观向心性是影响个体做出与价值观一致行为的两个重要因素（Verplanken & Holland, 2002; 黄雪娜, 2010）。与所有的知识结构一样，价值观必须被激活才能影响信息加工和行为。价值观既可以被直接激活，也可以通过激活自我等方式来间接激活（Higgins, 1996; Kruglanski, 1996）。对于个体来讲，只有当激活的价值观是个体的核心价值观时，个体才会做出价值表达行为。核心价值观通过构成自我，从而获得动机属性，帮助个体获得认同感（Verplanken & Holland, 2002）。保护性价值观作为一种独特的价值类型，从其特性看其应处于个体价值体系的核心地位，是否也必须被激活才能影响行为？激活自我是否也能够激活保护性价值观？是否还有其他的激活方式同样能激活保护性价值观？已有的研究并没有对这些问题做出回答。在本书中，拟通过研究对这些问题做出回答，进一步探讨保护性价值观影响行为决策的条件。

　　第四，价值观与行为的一致性关系，在前人的研究中一直存在着争论。有的研究发现价值观与行为一致，个体的行为是对价值观的表达（Rohan, 2000; Bardi & Schwartz, 2003; Hitlin & Piliavin, 2004）；但也有很多研究发现人们并不总是按照他们认为重要的价值观行事，价值观与行为之间存在不一致或相互矛盾的关系（Karremans, 2007; Maio et al.,

2001）。由于价值观与行为的相关研究得到各种不一致的结果，研究者便开始深入到个体对行为决策加工的具体心理过程进行探究，结果发现在价值观和行为决策之间存在众多的中间变量，既包括生活方式（Bruns，2004）、态度（Kristiansen & Hotte，1996）等中介变量，还包括人格因素（Wojciszke，1989）、情境因素（Bardi & Schwartz，2003）等调节变量。价值观和行为之间存在的众多中间变量，启示我们在价值观和行为之间并非存在简单的"一致"和"不一致"的区分，而是"在什么条件下二者一致"。这就需要深入到人们具体的行为决策过程中去探讨二者的作用机制。已有的研究并没有对保护性价值观和行为的一致性关系进行专门的探讨。除了已发现的中间变量之外，在保护性价值观和行为决策之间是否还存在其他的中间变量，需要作专门的研究。

二　本研究的重要概念

（一）道德同一性

根据社会认知理论的观点（Bandura，2001），个体的自我概念是一个包含着多个同一性侧面的结构，并且在同一时间只有少数几个同一性进入到意识之中（Carver & Scheier，1998；Markus & Kunda，1986；Minsky，1988；Skitka，2003），道德同一性为其中之一。道德同一性是个体关于自身的道德特质的认知图式，由于个体总是要维持个体的自我一致性，因此道德同一性是个体道德动机的重要来源（Blasi，1980，1993，2004）。从社会认知理论的视角看，一个人的道德同一性是包括道德价值观、目标、特质等内容的复杂的知识结构（Aquino & Reed，2002；Aquino，Reed，Stewart & Shapiro，2005；Lapsley & Narvaez，2004）。当情境中存在因素激活个体的道德同一性时，就会增加个体的道德自我图式进入到个体自我概念的机会，相应地会激发个体维持道德自我一致性的动机，个体会倾向于更多地做出道德行为（Aquino，Freeman，Reed & Lim，2009）。

保护性价值观来自于人们的道德伦理规则，因此，保护性价值观的道德属性必然会对人们关于道德的行为决策产生影响。在已有的研究中，有的发现人们会按照道德原则去决策，而不管实际的行为结果（Markman & Medin，2002），但也有研究得出了完全相反的结论（Tanner & Medin，2004）。之所以出现个体的保护性价值观与决策行为不一致，究其原因，除了保护性价值观强度的个体差异之外，个体保护性价值观的道德属性是否被激活也可能是一个重要的因素。当个体的道德同一性被激活时，个体的保护性价值观更有可能被激活，从而做出与保护性价值观相一致的行为。特别是在道德决策情境中，保护性价值观的作用被忽视，保护性价值观的价值观本质和道德伦理属性，使其成为研究价值观和道德决策行为的一个合适的落脚点。在本书中拟设计研究尝试通过激活个体的道德同一性，从而间接激活价值观的道德属性，进而激发个体维持自我道德同一性的动机，预期个体会更多地做出与保护性价值观相一致的行为。

（二）自我价值保护

自我价值保护是金盛华教授提出的自我价值定向理论中的核心概念之一。自我价值保护指的是"人为了保持自我价值的确立，其心理活动的各个方面都有一种防止自我价值遭到否定的自我支持优势心理倾向"（金盛华，2005）。自我价值定向理论认为，自我价值是自我存在理由和自我行为理由的出发点。人的一切努力，都是为着证明自身的价值。个体在解释世界和自己的过程中，逐渐建立价值序列，最终明确并选择对自己具有最重要价值的对象，这就是个体的自我价值定向过程。当个体的自我价值体系确立后，个体会先定地防止该体系遭到否定或违背，以维护个体的自我价值体系的合理性，这就是个体的自我价值保护机制。自我价值定向理论启示我们，由于个体的自我价值定向不同，同一个客体对于个体的价值和意义也是不一样的，因此，当某一客体的价值遭到破坏或违背时，个体启动自我价值保护的动机也不一样。对于保护性价值观来说，由于价值观保护性强度的个体差异，当该价值观遭到否定或违背时，引发个体自我价值保护的动机也不一样，相应的，个体是否做出价值表达行为的动机也是不同的。在本书中即尝试采用自我价值定向理论来对保护性价值观和行为的一致性关系进行解释。

（三）道德坚守

道德坚守（moral conviction）指的是一种强烈的、纯粹的有关一件事情对或错、道德或不道德的信念（Skitka，2002；Skitka & Mullen，2002b）。与道德价值观不同，首先，大部分的价值观指向某个终极状态或目标，如成就等，并且很少涉及对与错、道德与不道德的判断。价值观通常反映的是偏好或传统，只有很少的部分反映道德。其次，道德坚守和价值观在抽象的水平上不同。价值观是更加抽象的概念，而道德坚守是对核心道德价值观更为具体的、情境化的表达。因此，价值观可能太过于抽象化而不能决定具体情境中个体的道德决策或反应（Skitka，Bauman & Sargis，2005）。

以往关于价值观与行为一致性的研究发现，态度是二者之间一个关键的中介变量（Kristiansen & Hotte，1996；Maio & Olson，2000）。价值表达是态度的四个功能之一，即态度是作为自我概念核心的价值观的表达。价值观与态度的不同之处就在于它超越了具体的情境。对于保护性价值观和道德决策行为的关系来说，由于价值观的抽象性，因此保护性价值观可能并不能直接预测道德决策行为，而道德坚守作为情境化的、对道德观念的认知，其同时具有动机引发的功能（Mackie，1977；Smith，1994），它不仅能够引发个体的反应或行为，而且能够为个体的决策或行为提供内在理由（Skitka，Bauman & Sargis，2005）。因此，与一般的态度相比，道德坚守可能是保护性价值观和道德行为之间的一个重要的中介变量。在本书中将通过相关研究对此假设进行验证。

三　研究的总体假设

第一，价值观保护性强度的个体差异是影响个体行为选择的关键因素。

第二，对于高保护性价值观的个体，通过激活自我和道德同一性，能够激活个体的价值观，进而促使个体做出与价值观相一致的行为。对于低保护性价值观的个体，则不存在这种效应。

第三，保护性价值观和行为决策的一致性关系还受到个体的自我价值保护动机、道德坚守等其他中间变量的影响。

第二节　整体研究设计

本书共包括三个系列研究。研究一旨在探讨中国独特文化背景下保护性价值观的内容及结构，找出中国文化背景下普遍存在的保护性价值观，从而为进一步研究保护性价值观和行为的关系奠定基础。在具体的研究过程中，综合采用质性和量化相结合的方法，确定中国独特文化背景下大学生的保护性价值观及其结构，以提高研究的科学性和准确性。研究二系统探讨保护性价值观对行为决策的影响，确定保护性价值观影响行为决策的必要条件。研究三进一步探讨保护性价值观影响行为决策的内在心理机制，找出二者之间的关键影响变量。具体的研究框架如图 3 - 1：

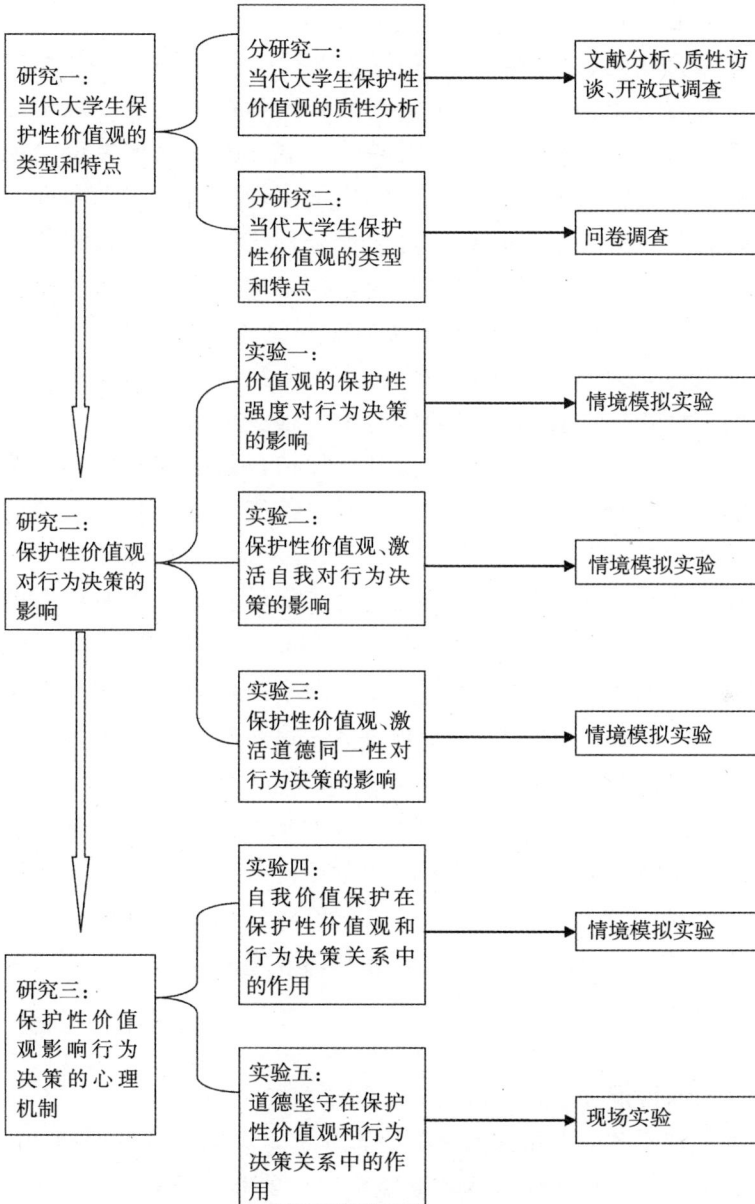

图 3 - 1　研究框架图

第三节　研究的意义和价值

一　理论意义

本研究的理论意义主要集中在以下几个方面：第一，对保护性价值观的研究有助于拓展和深化价值观的研究领域。当前心理学对价值观的研究几乎一边倒地集中于可交易价值观，而对保护性价值观的研究非常忽视，这不可避免地导致在建构价值观的有关概念和理论时存在偏颇之处，也部分地导致在用价值观来预测行为时，其解释力并不强。因此，对保护性价值观的研究能够在一定程度上拓展和深化价值观的研究领域，其研究成果也可以补充和完善价值观的结构、分类，弥补理论缺陷。第二，对保护性价值观的研究有助于深入揭示个体行为决策的心理机制。在行为决策研究中，很少涉及对保护性价值观作用的探讨，并且已有决策理论并没有对保护性价值观影响行为选择的作用机制做出阐释。在面对决策情境时，特别是涉及价值交换的决策时，传统的决策理论就不能很好地对决策行为做出解释和预测。因此，对保护性价值观和决策关系的研究，能够在理论上对已有的决策理论进行补充和修正，并且有助于建立新的、解释力更强的行为决策理论。第三，对保护性价值观的研究有助于深刻理解文化对价值观的影响。文化是价值观最重要的影响因素，也是价值观形成和发展的最重要影响源。目前已有的对保护性价值观的认识基本来自于西方国家，体现的是西方文化背景的影响。由于东西方文化的巨大差异，对西方文化背景中保护性价值观的认识并不能简单地移植到我国。因此，对我国文化背景中的保护性价值观的研究有助于准确描述东方文化背景中保护性价值观的现状，了解东西方保护性价值观的差异，从而加深理解文化对价值观的影响。

二　实践价值

大学生是国家未来建设和发展的主力军，也是社会价值取向的风向标。大学生的价值观状况直接影响着整个社会的价值走向。然而，当前大学生整体的价值取向和道德状况并不令人乐观，存在着许多触及价值和道德底线的行为。近几年媒体先后曝出了女大学生求包养、大学生投毒、大学生恶意拖欠助学贷款等社会影响恶劣的事件，这些事件中的大学生均存在不同程度的价值观迷失和道德底线缺失的行为。在这样的背景下去研究大学生的保护性价值观显得尤为重要。首先，对大学生保护性价值观的研究有助于高校深入了解当前大学生群体中保护性价值观的内容及特点，从而有针对性地对大学生开展思想政治教育和价值观教育。当前我国的思想政治教育和价值观教育均存在不同程度的空洞、脱离实际的问题，制约了教育的效果。只有了解现状才能发现问题。特别是在大力弘扬和培育社会主义核心价值观的今天，只有了解大学生保护性价值观的现状，才能发现其与社会主义核心价值观的差异，进而提醒高校教育工作者及时制定针对性的措施，提高思想政治教育和价值观教育的水平。同时，研究结果也可以为高校的"两课"教育提供依据，并转化为新的教育内容，从而丰富大学生思想政治教育的内容。其次，对大学生保护性价值观的研究能够帮助大学生认识自身的价值观状况，提高践行社会主义核心价值观的自觉性。与中小学生相比，大学生是有一定自我觉察、自我监控和自我调整能力的个体。通过对大学生保护性价值观的研究，能够帮助大学生发现自身价值体系存在的问题，及时纠正大学生头脑中存在的不良观念和偏差行为，努力保持与社会主义核心价值观念的一致性，真正成为社会价值风向的引领者。最后，保护性价值观是普遍存在于决策者和普通民众中的价值观，是影响政府、企业等组织和个人决策行为的重要价值观。比如在克隆技术、转基因食品、脑损伤解毒、经济开发与保护环境、城市建设与历史保护，以及"义""利"交易的腐败问题等，其实都涉及到保护性价值观的争论（何贵兵、奚岩，2005）。在决策过程中，若决策者错将本应保护的价值视为可交易价值，就会导致背离准则的行为。在现实生活中存在的腐败行为、人权蔑视、生态恶化等问题，在某种程度上都与保护性价值观的弱化相关。反过来，若决策者错将一般价值视为不可交易的保护性价值，则会坐失改革发展机会，甚至在面对交易的事实时出现极端情绪和行为等。因此，对个体来讲，保护性价值观的研究有助于个体正确认识自身的保护性价值观，提高行为的控制力；对群体来讲，保护性价值观的研究有助于建立群体的核心价值理念，维持群体凝聚力，并保持群体的活力；对国家来讲，公共政策的制定首先要了解民众普遍的保护性价值观。只有制定的公共政策符合绝大多数民众的保护性价值观和愿望，才能确保政令畅通。总之，保护性价值观的研究对于国家公共政策的制定、企业文化的塑造以及个体决策行为的控制等领域都具有重要的实践价值。

第四章 研究一：当代中国大学生保护性价值观的类型和特点

从本章开始进入本研究的实证研究部分，共三个研究，分别为第四章到第六章。第四章是研究一，第五章是研究二，第六章是研究三。为了更加科学、准确地描述当代中国大学生保护性价值观的现状，在本章分别用质性和量化研究方法来探讨当代中国大学生保护性价值观的类型和特点。

第一节 当代中国大学生保护性价值观的质性分析

一 研究目的

探索当代中国文化背景下大学生所持有的保护性价值观的内容和领域，确定在当前大学生中普遍存在的保护性价值观及其主要类别，揭示中国文化背景下保护性价值观的独特特点并挖掘其文化内涵。另外，在本研究中还将从被试所提供的保护性价值观情境中挑选出典型情境，设计虚拟实验情境，作为研究二和研究三的实验材料，为研究二和研究三的开展奠定基础。

二 研究假设

当代中国大学生的保护性价值观内容多样，可以分为不同的类型，并且与西方文化背景下的保护性价值观有所不同。

三 研究方法

本研究综合采用文献分析、质性访谈和开放式问卷调查等方法收集当代中国大学生所持有的保护性价值观的内容。

（一）被试选取

参加本研究的被试主要来自中国青年政治学院、北京工商大学、北京师范大学、曲阜师范大学、鲁东大学等高校的全日制在校本科生，共计243人。所有的被试均自愿参加本研究，研究完毕后被试会获得学分鼓励或少量物质奖励。被试的分布情况见表4-1。

表4-1　　　　　　　　　　被试的分布情况统计表

学校		专业		性别		年级	
名称	人数	名称	人数	性别	人数	年级	人数
中国青年政治学院	60	社会工作	18				
北京工商大学	89	社会保障	42	男		大一	72
北京师范大学	45	经济学	59		112	大二	65
曲阜师范大学	29	工商管理	89	女	131	大三	76
		中文	25			大四	30
鲁东大学	20	食品	10				

（二）研究工具

1.《大学生保护性价值观访谈提纲》。在进行访谈之前，研究者在吸收前人相关研究工具中合理内容的基础上，在导师（价值观研究专家）的指导下，与另一名心理学博士共同设计了访谈提纲。访谈提纲的主体主要包括两部分：一部分要求被试讲述在其思想意识中"绝对不能与其他价值进行交换"的观念或"绝对不能违反"的行为规范。由于价值观是个体与外界客体进行作用的产物，因此这部分访谈内容主要从个体自身、个体与他人、个体与自然以及个体与社会几个方面设计提纲；为了了解时代变迁对保护性价值观的影响，访谈提纲的另一部分还围绕当前的热点问题进行设计，如"环境污染"、"学历造假"等。

2.《大学生保护性价值观开放式问卷》。结合质性访谈和文献分析的结果，研究者还设计了针对保护性价值观的开放式问卷，也包括两部分内容。第一部分是对被试个人信息的记录，如性别、年级等；第二部分是调查的主体，共八个问题，涉及保护性价值观的内容、来源和作用等。

四 研究程序

（一）获取质性资料

1. 质性访谈。根据《大学生保护性价值观访谈提纲》对 10 名全日制本科大学生进行访谈并录音。所有的访谈由研究者和另一名心理学博士共同完成。访谈前，由研究者与被试协商确定访谈时间和地点，访谈开始前告知所有被试本研究的目的，由他们自愿决定是否接受访谈和录音，并签署访谈知情同意书。

在质性访谈的主体阶段，访谈的主题主要围绕个体自身、个体与他人、个体与自然以及个体与社会几个方面，在被试的思念观念中是否存在不能与其他价值（特别是金钱）相交换的内容及其在日常生活中的典型行为表现进行。同时，访谈还围绕当前的热点问题展开，如"环境污染"、"学历造假"等，目的在于了解保护性价值观的时代特征。为充分保证访谈的有效性，在整个访谈过程中，访谈者和被访谈者进行了充分的互动和沟通，仔细客观地进行观察和记录，并在适当的时候进行追问。每个被试的访谈时间控制在一个小时左右。实际访谈录音时间最短 35 分钟，最长 78 分钟，平均访谈时间 62 分钟。全部访谈结束后，由研究者将访谈录音全部转录成文字。每位被访者的转录字数在 1.5 万字左右，转录总字数大约 12 万字。转录信度由研究人员听录音复查、校对保证。最终产生大学生保护性价值观的原始数据，即 10 份访谈录音文本。

2. 开放式问卷调查。使用自编的《大学生保护性价值观开放式问卷》对 233 名全日制本科大学生进行了开放式调查。该问卷包括指导语、被试个人信息调查以及保护性价值观调查三部分。调查以班级为单位，采用集体施测的方式进行。开放式问卷调查结束后，由研究者将开放式问卷结果转录成文字，然后核查文本后给每个文本编号，最终产生保护性价值观的原始数据，即 233 份开放式问卷文本。

（二）资料的编码

由于本研究获得的是非量化的质性资料，因此需要通过对文本内容的微观分析，来挖掘文本内容背后隐含的心理特征及其意义。对文本进行微观分析的过程是通过对文本内容进行编码的方式来完成的。编码是一种用来分析质性文本材料的记分技术。在实际的编码过程中，研究者采用了澳洲 La Trobe 大学的 Tom 和 Lyn Richards 所研发的 Nvivo 8.0 编码软件，它可以处理 RFT＼TXT 等文件，建立不同类型的 Node（节点），在任何地方都可以进行编码，Node Document 可以具有属性的功能，Model 可以用图形显示，是 QSR 最先进的文字质性分析软件，Nvivo软件还能任意地编辑及撰写庞大的质性数据处理，且能对这些数据进行精确的分析（周海明、时勘、刘加艳，2007）。

本研究首先将转录的 243 份文本转化为 . rtf 格式导入 Nvivo 8.0 软件中，然后由研究者和另外一名心理学博士分别独立进行编码。在编码的过程中，严格按照质性资料分析的步骤进行：（1）进一步阅读文本稿，校正文本稿内容；（2）根据研究主题，进行编码，形成类别；（3）重新审视编码内容和类别；（4）重复修正编码结果得到最后编码结果（Thomas，2000）。具体步骤是：

第一，研究人员阅读所有访谈资料，并对材料进行微观分析（microanalysis）。所谓微观分析指的是在研究初期所进行的、对材料细微部分进行的逐行分析（line-by-line analysis），以产生初步的类别（Boytis，1998；Strauss & Corbin，1998）。微观分析的过程也可以理解为开放编码的过程。所谓开放编码（open coding）指的是对材料中的所有资料进行分析，从中发现并界定资料中所隐含的概念及其属性的分析历程（Strauss & Corbin，1998）。具体做法是通过逐段逐句的分析和提炼，抽取出有意义的单元。有些意义单元直接来自于质性文本原文，这种编码称为"实境代码"；有些意义单元则是研究者根据被试描述的故事或情境提炼出来的，研究者根据意义单元所描述的意义概括名字；还有一些意义单元是数个被试用不同的方式（讲不同的故事，或者举出不同的情境事例等）表达出相同的意思，研究者将之总结概括并合并成意义单元（王静，2007）。

第二，归纳微观分析结果，进行主轴编码。主轴编码（axial coding）是关联类别与次类别的过程。因为编码围绕某一类别进行，并在概念层面上连接各个类别，因此称为"主轴"（Strauss & Corbin，1998）。具体做法是：列出上述分析得到的所有码号及每一码号的内容，从理论上分析每一个开放编码的含义，将在内容上有较多重复、理论含义相同的码号合并到出现频次较多的码号上来。通过对开放编码得到的有意义单元进行进一步归纳、概括，可以将隶属于同一层次的概念进一步归类，赋予概念词更大的解释力，以便对现象进行更为精确全面的解释。

第三，选择编码。选择编码又是对概念词进一步归纳，发展成为核心类别，从而更好地解释研究问题。发展出来的核心类别，应该代表着研究主题的核心内容。

第四，量化数据。在进行质性分析编码的同时，也要将各个意义单元、概念词和核心类别出现的频次记录下来，形成量化数据。

通过文献分析，梳理已有研究中涉及保护性价值观的相关内容和行为情境；通过质性访谈和开放式问卷调查，获取我国大学生关于保护性价值观的原始代表性资料，通过对原始资料的分析、提炼和编码，初步确定当代中国大学生保护性价值观的内容和类型。

（三）量化数据的编码

在进行质性分析编码的同时，也要将各个意义单元、概念词和核心类别出现的频次分别记录下来，形成量化数据。量化数据的保存和分析通过 Excel 2007 和 Spss 13.0 进行。

五 研究结果和分析

（一）当代中国大学生保护性价值观的开放编码结果

研究者对 233 份开放式问卷结果和 10 份质性访谈文本进行了逐段逐句的阅读，剔除无关信息，抽取意义单元，进行开放编码。结果见下面主轴编码后面的内容。

（二）当代中国大学生保护性价值观的主轴编码结果

生命：生命、性命、不能杀生、不能伤害别人性命、生命在任何时候都是受保护的、生命都是平等的、保护自然界生命、买卖器官、不允许整容、任何情况下都不会选择自杀、不能接受变性手术、不会选择通过手术的方式减肥、不接受器官买卖、不允许自残身体、绝对不会文身、文身是对自己身体的伤害、爱惜自然界的任何生命、不接受在自己身体上做任何的装饰、像外国人一样在口鼻等器官中打孔绝对不允许、生命只有一次、生命是最宝贵的；

尊严：自尊、尊重自己、尊重别人、给别人留面子、不能侮辱别人、不能随意出口骂人、尊重朋友、尊重老师、受他人侮辱、以某些缺点开玩笑、不取笑对方口音、要顾及他人感受、受不了老师当众批评、看不起别人、不能说很难听的话、辱骂或肢体不尊重行为、防止触及他人敏感话题、不乐意别人对自己指指点点、不许老师嘲讽我、不允许别人侮辱，贬低自己及其家人、不开他人玩笑，也不许他人开自己玩笑、不要谈论他人的长相、歧视残疾人是不对的、给别人取侮辱性的外号、拿别人的身体缺陷开玩笑、尊敬老师、尊敬师长；

贞洁：性、贞操、贞洁、不能发生婚前性行为、不能与男朋友关系太亲密、名声、尽可能做清白的人、坚决杜绝婚前性行为、不允许别人的流言蜚语、随意动手动脚、自身清白、任何情况下都不会出卖自己的身体、清白、不接受婚前性行为、绝不会选择包养自己、二奶是可耻的、最在意自己的名声、清白是最重要的、拒绝为了金钱出卖自己；

隐私：隐私、成绩隐私、个人的隐私、在与亲人交流过程中保护自己的一些隐私、隐私权、不偷偷打听或偷看他人的隐私、内心最深层的想法、内心世界、自己的秘密，不想说的、必须有我自己的，别人不能碰的，不受打扰的私人空间、获知的他人的秘密、私生活、自身私密的信息、保密、个人隐私不向老师透露、创伤经历、保守秘密、不传播他人隐私、不关注别人的私生活、最讨厌传播别人的小道消息、爱打听别人消息的人最无耻；

健康：健康、坚持劳逸结合、学习故重要，但是健康最重要、我家人的健康、亲人的健康、家人的健康、身体器官、伤害身体、自己的身心健康、器官、身体健康是一切的基础、健康是本钱、任何时候都不会为了金钱损害自己的健康、在找工作时不会选择有可能损害自己身体健康的工作，即使这个工作能赚很多钱、不赞成通宵达旦地学习，以牺牲自己的身体为代价、身体最重要、生病了就应该赶紧治疗，不能硬扛着、健康是福、大学生应该学会劳逸结合，不能读死书、大学生应该多加强体育锻炼，把身体弄得壮壮的；

声誉：名声、声誉、名誉、名誉最重要、不允许任何人毁坏自己的名声、造谣、传谣是可耻的、造谣的人没有好下场、谣言猛于虎、不能随便传谣、名声最重要、最在意的是名声、一个人的名誉毁了，这个人就全完了、名誉很差的人不能结交、有一个好的名声走上社会才能立足、要好好经营自己的名誉、要珍惜自己的名誉、不能为了金钱利益就置自己的名誉于不顾、在社会上有一个好的声誉很关键、有好的信誉别人才能信任你；

　　良心：善良、良心、与人为善、道德良心、不能违背自己的良心、有同情心、善良、充满爱心、做事情要有良心、有爱心、做事要凭良心、要做一个有爱心的人、做一个善良的人、要与人为善、害人之心不可有、做事要摸着自己的良心、黑心的人不会有好下场、绝对不能违背自己的良心、出卖自己良心的人最终没有好下场、好人有好报、良心无价、不能为了钱出卖自己的良心、良心丢了就再也找不回来了、要做一个善良的人；

　　亲情：不能说父母的不好、对父母不利的事绝对不做、不容许他人侮辱自己的亲人、孝敬父母、不允许别人严重说到我奶奶不好的话、污蔑家人、不准嘲笑我的家人、不背叛亲情、对亲人的尊重、家人的安危、亲人和亲情、家人是第一位的、不会让人污辱家人和亲人、家庭、不允许别人伤害我的家人、幸福的家庭最重要、与父母的关系最重要、要感恩父母、要好好对待自己的父母、天下无不是的父母、不孝顺父母的人最可恨、孝敬父母是最大的美德、无论父母怎么对自己不好，我们都不应该不孝敬父母、再忙也应该抽时间去陪陪父母和家人、要一个温馨的家庭氛围对自己的成长最重要、我最讨厌父母经常吵架、我最不愿意看到父母长时间的冷战、我最怕父母将来会离婚、我的家人最重要，任何人都不能伤害到他们、最讨厌打骂父母的人、绝对不能遗弃父母、在任何情况下都不应该和父母发生正面冲突、无论怎样都不应该瞧不起自己的父母、最讨厌嫌弃自己的父母是农村人的人；

　　友情：过分侮辱我及我的朋友、不准嘲笑我的好朋友、友谊、朋友之间的友谊、朋友及友情、对朋友忠诚、不能对朋友不利、有几个知己的朋友比什么都重要、在任何情况下都不应该出卖自己的朋友、对待自己的朋友不能三心二意、真正的朋友应该无话不谈、闺蜜、最讨厌朋友翻脸不认人、最讨厌朋友不守信用、不能背后说朋友的坏话、不能出卖背叛朋友、绝对不能陷害自己的朋友、朋友多了路好走、多一个朋友多一条路、友情无价；

　　爱情：恋爱、爱、不能侮辱我的女友、不会为钱而与不爱的人结婚、不允许对爱情不忠诚、为了爱情可以放弃事业、爱情无价、爱情是最美好的、初恋最甜蜜、绝不会为了自己的工作而放弃爱情、最讨厌包办婚姻、不接受他人介绍式的爱情、为了爱情可以舍弃一切、绝不接受自己的女友出轨、绝不接受自己的男友劈腿、最讨厌脚踏两条船的人、

71

爱情是自私的、在任何情况下都应该守护自己的爱情、第三者插足是最可耻的、故意破坏别人的家庭是最不道德的、爱情应该是最纯洁的、绝不允许自己的男朋友和别的女同学关系过于亲密、爱吃醋是对爱情忠贞的表现、最讨厌花心男、绝不允许自己的女朋友和别的男生交往过于频繁、最讨厌那种频繁换男友（女友）的女生（男生）；

　　诚信：诚信、考试作弊、不会作弊，也不会帮助他人作弊、诚实，不说谎、对人真诚，不欺骗、守时、最讨厌迟到的人、信誉、不允许别人说谎、失信、不允许别人对我欺骗、信守承诺、诚实守信、绝不做商家的托、不使用作弊耳机、不能简历造假、诚信是做人的根本、以诚待人、绝不和不守信用的人交往、做人应该说到做到、男子汉应该说一不二、做人要信守诺言、无论在任何情况下我们都应该诚实守信，即使这样可能让我们遭受巨大损失、最佩服那些诚实守信的人、做人应该一诺千金、最讨厌为了一己之私弄虚作假、诚信是个人的立身之本、人不能言而无信、答应别人的事一定要做到、最讨厌不守时的人、千教万教教人求真，千学万学学做真人、人无信不立、如果要求别人诚信，自己首先要诚信、黄金有价，诚信无价、没有诚信就不可能有正常的社会秩序、在生活中我觉得什么都没有诚信这么重要、没有诚信的人将寸步难行、做一个有诚信的人，宁愿人负我，不愿意我负人、人类最大的美德莫过于诚信了、任何时候都不应该说谎，包括善意的谎言、如果一个人失去了诚信，使别人对他失去了信任，那么那个人的一生将会受到很大的挫折、大学生应该做诚信的表率、同学之间的交往诚信是最重要的、诚信是中华民族的传统美德，我们应该好好继承和发扬、在学习上应该实事求是，知之为知之、不知为不知，不能欺骗自己、最讨厌不讲信用、自我聪明的人、绝不接受简历造假、为了找到一个好工作就制作虚假简历，这种人最可耻；

　　保护动物：不杀野生动物、不能伤害动物、保护弱小稀有动物、保护动物、爱护小动物，禁止虐待、不吃野生动物、给动物食物、关爱动物、不能残害动物、动物的栖息地和生命、不会忍受虐待动物、虐待动物、不能打动物、吃虫子，玩虫子、捕杀鲸鱼、善待流浪猫狗、不能伤害宠物、禁止滥捕滥杀野生动物、保护益虫热爱小动物，小狗、猫、不吃野生动物、动物是人类的朋友，我们应该好好保护它们、坚决不吃狗肉、最讨厌虐待动物，特别是小狗和小猫、反对扑杀流浪狗、猎杀珍稀动物的人都是犯罪、拒绝穿野生动物的皮毛制成的服饰、动物与人类一样，也是有感情的、不应该人为地驯化野生动物，应该将它们放归自然，让它们自由自在、日本以科研的名义大肆捕杀鲸鱼最可恨、随便抛弃宠物的人最没有道德了、不吃野生鸟、保护野生动物不仅是保护生态环境，也是保护人类自己的生命、滥捕、滥吃野生动物，人类将来有可能遭受自然界更大的惩罚、个人坚决不食用野生动物、拒绝吃鱼翅、国家应该取缔鱼翅交易、反对活熊取胆、坚决支持取缔活熊取胆；

爱护植物：踩踏草坪、砍伐、破坏风景区、保护百合花、爱护树木、爱护森林、保护自然界的一草一木、看到开得很漂亮的花坚决反对人们去折断它、破坏植物生长、不踩草坪，破坏花草树木、不摘花、乱砍滥伐、不随便折花草、不践踏草坪、坚决反对过度砍伐森林、坚决反对破坏自然植被、不应该滥采乱挖野生植物、最讨厌站在公园中的树上照相的人、最讨厌那些为了满足自己孩子的要求就乱折花草的游客、坚决杜绝践踏草坪、有些人明明看到了写有"请勿践踏草坪"的牌子仍然进去踩，这样的人最没素质了、爱护植物就是保护我们的地球、花草树木是人类的朋友；

保护文物：破坏历史文物、非物质文化遗产、文化遗产、文物是祖辈给我们留下的珍贵遗产，我们应该好好爱护、绝不应该为了改造城市就把文物古迹拆掉、文物就像人的生命一样，毁坏了就再也不会回来了、不应该过度渲染文物的经济价值、国家应该加大对走私文物的打击力度、即使付出再多的金钱，也应该将文物保护好、最讨厌在文物古迹上刻字的人、在文物游览时，随手乱写乱画的人最没有素质、那些刻"到此一游"的游客是最丢人的、如果还没有好的保护方法，有的文物不应该急着开发；

维持环境卫生：维护公共卫生、随地吐痰、乱扔东西、不乱扔垃圾、将垃圾倒入河里、不可向河流倾倒污水、不排污、不用餐盒塑料袋、保护公共环境卫生、不能随手丢弃杂物、最讨厌随地吐痰的人、即使没有合适的垃圾箱，也不应该成为随手丢垃圾的理由、随口吐口香糖、放任宠物随地大小便、乱扔瓜子壳、垃圾随便乱倒、乱贴小广告、随地大小便、从楼顶随意乱丢垃圾，既危害人身安全，又污染环境、随手乱丢广告的行为不能容忍、废旧电池放到专门的回收工具里；

节约资源：浪费水资源、节约资源、节约水、保护水资源、无休止地过度开采、节约纸张、在任何情况下都不应该浪费水、浪费水的行为最可耻、最看不惯那些刷牙不关水龙头的同学、随手关灯应该成为每一个人的习惯、节约资源应该成为每一个人的共识、最讨厌教室里没有人灯还亮着、不随手关灯的人应该受到鄙视、打印东西时能用旧纸的就应该用旧纸、重复利用的观念应该得到提倡、应该大力提倡水的重复利用、应该将所有冲马桶的水改为中水、在能不开车的情况下应该少开车、尽量少用空调、出行优先选择公共交通工具、随手关掉不用的电器、照明时选择节能灯、选购家电时肯定会选择节能型的家电、拒绝接受那些随处散发的宣传纸、不浪费粮食、吃饭后将剩饭随时打包；

保护环境：不破坏环境、在公共场合吸烟、污染破坏环境、污染河水、不能造成环境不可恢复的破坏、决不以破坏大自然而获取利益、环保意识、不破坏自然平衡、绝不会以牺牲大自然的协调为自己牟取利益、破坏自然的行为可耻、低碳环保、做有益环境的事、守护绿色，家乡的风景、水土、能不用塑料包装袋的情况下就坚决不用、在购物时使用环保购物袋、优先选择环保产品，即使它的价格更贵、尽量不用一次性餐具、筷子、垃圾分类存放、在任何情况下都不应该在非吸烟区吸烟、烟草行业不应该成为国家的支柱产业、国家应该在公共场所强制禁烟、绝不应该片面地追求经济发展而污染环境、大学生应该带头保护环境；

遵守秩序：不和别人抢座、不破坏规则、排队上下车、不加塞、遵守课堂秩序、不能闯红灯、让座、不能课堂说话、主动让座、遵守公共秩序、看电影买票时要排队、在任何情况下都不会加塞、最讨厌排队加塞的人、在等公交车时排队等候、开车抢道、在食堂排队买饭遇到加塞的人、在课堂上随便讲话影响别人学习、不按时上下课、超市购物自觉排队、绝不应该在电影院高声打电话、开会时不关闭手机、行人闯红灯、参观游览不排队、汽车随意停放、将汽车停放在人行道、开车闯红灯、开车乱鸣喇叭；

讲究文明：说话要文明、在公共场合注意自己的行为、社会公德、不做损人利己的事、不能忍受吵闹或喧哗、不会在公众场合穿睡衣、公德、公共道德与礼仪、不破坏公共设施、衣冠整洁、商家将货品摆在盲道上、张口骂人、说话带脏字、恋人在公共场合亲热、在公共场合光膀子、在看电影时高声喧哗、说脏话粗话、乘电梯不靠右站立影响他人通行、制造噪音深夜扰民；

守法： 偷盗、吸毒、不触犯法律的事、违反法律的事件不会做、杀人、放火、抢劫、偷盗、不支持偷窃，抢劫、拒绝毒品、不能做危害社会和他人的事、不学犯法的事、坑蒙拐骗、守法律、不钻法律空子、不坑蒙拐骗、遵纪守法是人的底线、违法的事绝对不会去做、给我再多的金钱，我也不会去违法犯罪、犯法的事我是肯定不会去干的、小偷小摸的行为很可恨、偷拿同学的东西是绝对不能容忍的、每个公民首先应该做到的就是遵纪守法、大学生受过高等教育就更不应该去做违法乱纪的事、法律应成为每个人的行为底线、守法的观念应该受到保护、绝不会加入传销组织、欺骗亲戚、朋友和同学加入传销组织的行为最可恨、法律禁止的事情我绝对不会去做、为了点金钱就去做犯法的事不值得；

爱国： 爱国、有爱国的热情、国家利益、国家核心利益、国家民族的尊严、热爱祖国、侮辱中国、不能出卖国家、大学生第一位的应该是爱国、不爱国的人不值得结交、损害国家利益的事我绝对不会去做、最讨厌崇洋媚外、绝对不允许对祖国说三道四、一切应该以国家利益为先、国家利益是第一位的、支持抵制日货、热爱祖国的大好河山、爱国首先应该好好学习，掌握建设祖国的本领、最讨厌崇洋媚外的人、在升降国旗时说笑打闹、在公共场合辱骂自己的国家、鄙视嘴上说爱国但偷偷加入外国国籍的名人、拒绝过洋节、爱国应该成为中国人的核心观念；

公平： 公平、公平感、社会公平最重要、国家应创造公平的就业环境、最讨厌用人单位的就业歧视、女大学生最缺少公平的就业环境、就业歧视、就业中存在不公平现象、有的用人单位只招男生，歧视女生、在就业过程中，公平的就业环境应该是第一位的、人与人之间不能互相歧视、穷人和富人之间缺少公平的环境；

正义： 正义、正义感、正义之心、见义勇为、最佩服见义勇为的人、正义应该成为社会的共识、正义必将战胜邪恶、拥有正义感的人最值得信赖；

科技伦理： 不能克隆人、不使用核武器、转基因食品、为了金钱，制造、传播计算机病毒、传播电子垃圾、坚决反对人肉搜索等网络暴力行为、为了生男孩采用 B 超检测、制造生化武器危害人类、过度建造核电站、网络诈骗、克隆人、发送垃圾邮件的行为最让人讨厌、人工授精、为了金钱利益就去做代孕母亲、通过手术破坏人的大脑以戒除网瘾、制造基因武器、坚决反对实施安乐死。

（三）当代中国大学生保护性价值观主轴编码的量化统计结果

为了进一步区分保护性价值观在大学生群体中的认同差异，我们采用国内外质性研究中的通行做法，对主轴编码结果进行频次、频次百分比和频次等级三个指标的统计分析，结果见表4－2。

表4－2　　当代中国大学生保护性价值观主轴编码的频次统计结果

主轴编码	频次	频次百分比	频次等级
生命	163	12.02%	1
健康	158	11.65%	2
诚信	146	10.76%	3
尊严	140	10.32%	4
亲情	125	9.22%	5
维持环境卫生	101	7.45%	6
保护动物	78	5.75%	7
友情	78	5.75%	8
隐私	64	4.71%	9
讲究文明	58	4.28%	10
爱情	32	2.36%	11
守法	30	2.21%	12
良心	28	2.06%	13
公平	25	1.84%	14
遵守秩序	24	1.77%	15
公正	18	1.33%	16
爱国	18	1.33%	17
声誉	17	1.25%	18
爱护植物	13	0.96%	19
贞洁	11	0.81%	20
正义	9	0.66%	21
节约资源	8	0.59%	22
保护文物	7	0.52%	23
科技伦理	5	0.37%	24
合计	1356	100%	

（四）主轴编码的信度分析

在质性分析的过程中，编码的客观性是影响分析质量的一个非常重要的因素。为了保证质性分析的客观、独立，我们对所有访谈文本的编码采用了二人交互验证的方式进行，即由研究者本人和另一位心理学博士分别进行独立编码，并在编码结束后在 Nvivo 软件中汇总每个人的编码信息。为了考察编码结果的客观性和可靠性，本研究采用"编码一致性信度"来衡量。具体来说，采用归类一致性系数（Category Agreement，CA）作为编码一致性信度指标。归类一致性系数是编码者之间对相同编码文本的编码一致频次占总频次的百分比。计算公式参照 Winter（1994）的动机编码手册。具体计算公式为：$CA = 2S/T1 + T2$。其中，T1 表示编码者 A 的编码频次，T2 表示编码者 B 的编码频次，S 表示两个编码者一致编码的频次。结果见表 4－3。全部访谈文本的归类一致性从 62% 到 85%，平均归类一致性为 74.8%，说明本次编码的一致性达到较高水平，编码结果是可信的。

表 4－3　　大学生保护性价值观主轴编码信度分析结果

访谈文本	独立编码频次		总频次	一致频次	编码一致性（CA）
	A	B			
访谈文本 1	13	10	23	8	0.69
访谈文本 2	16	12	28	10	0.71
访谈文本 3	25	20	45	18	0.80
访谈文本 4	24	21	45	17	0.75
访谈文本 5	27	19	46	18	0.78
访谈文本 6	20	16	36	12	0.66
访谈文本 7	25	22	47	20	0.85
访谈文本 8	27	23	50	20	0.80
访谈文本 9	20	12	32	10	0.62
访谈文本 10	18	15	33	13	0.78

（五）当代中国大学生保护性价值观的选择编码结果

研究者召集两名心理学博士和两名价值观研究专家就上述所得到的保护性价值观主轴编码进行专家讨论。研究者就主轴编码和大学生普遍具有的保护性价值观等问题引导专家进行深入讨论，通过合并内容高度相关的主轴编码，集体建构出六个选择编码，分别是：

1. 身体保护：生命、健康、贞洁、隐私；
2. 品德修养：诚信、尊严、声誉、良心、遵守秩序、讲究文明；
3. 环境保护：保护动物、爱护植物、维护环境卫生、节约资源、保护文物；
4. 人际交往：亲情、友情、爱情；
5. 公共利益：正义、公正、公平、守法、爱国；
6. 科技伦理：科技伦理。

（六）小结

本研究采用质性分析方法对当代中国大学生所持有的保护性价值观进行了初步探索。总体的编码信度达到74.8%，说明对质性文本内容的分析是客观和可靠的。研究发现，当代中国大学生的保护性价值观大体可以分为身体保护、品德修养、环境保护、人际交往、公共利益和科技伦理等六大类。本研究证实了当代中国大学生的保护性价值观内容多样，并且存在于人们日常生活的各个方面。从具体内容看，既包括西方文化背景中研究比较多的生命健康、环境保护等价值观，还包括中国文化背景中比较独特的尊严、亲情等价值观，显示出中国文化影响的独特之处。为了进一步了解保护性价值观在大学生群体中的现状，区分保护性价值观在大学生群体中的个体差异，接下来，本研究将通过大规模问卷调查的方式对保护性价值观的个体差异进行定量研究。

第二节　当代中国大学生保护性价值观的类型和特点

一　研究目的

以往关于保护性价值观的测量大多采用"0"或"1"的计分方式，将保护性价值观看作是一个"全"或"无"的变量。随着研究的深入，越来越多的研究发现了保护性价值观在个体上的量的差异，并提出了若干测量工具（Tetlock, Kristel, Elson, Lerner & Green, 2000；Tanner, Medin & Iliev, 2008；Hanselmann & Tanner, 2008）。其中，Tanner等人在2008提出了一个包括五个指标的测量工具，并确认了该工具测量保护性价值观的有效性。与传统的测量方式相比，多指标的测量方式综合测量了保护性价值观的拒绝交易、不可用金钱衡量等特征，不仅能更准确地反映保护性价值观的本质，而且测量的结果也更稳定。本研究即采用此测量工具，通过大规模的问卷调查，对中国文化背景下的保护性价值观进行量化分析，确认保护性价值观的类型，区分保护性价值观的个体差异，并揭示其独特文化特点。

二　研究假设

当代中国大学生的保护性价值观可以分为多个类型，不同类型的保护性价值观存在程度的差异。无论在类型上，还是保护性强度的差异上，均反映出中国独特文化的影响。

三　研究方法

（一）大学生保护性价值观初始条目的编制

在分研究一中，通过主轴编码确认了大学生保护性价值观的主要内容。研究者以此内容作为基本的测量内容，从分研究一的质性文本中筛选有代表性的句子或典型情境作为保护性价值观具体测量条目，编制大学生保护性价值观的测量问卷。然后研究者和另外一名心理学博士对问卷项目的文字表达等进行讨论，修改晦涩难懂和有歧义的项目。最终确定初始问卷包含30个条目，见附录4。这些条目描述的均是人们在日常社会生活中经常遇到的比较典型的行为或现象，要求被试对这些行为进行评价。初始问卷的反应方式采用从"坚决反对"到"非常赞同"的5点计分方式。

（二）预试

为了进一步确定大学生普遍认同的保护性价值观，从北京市的两所高校随机抽取119名大学生被试进行预试。由于保护性价值观指的是一种"拒绝或不愿意将某一价值客体与其他价值尤其是经济价值进行交换"的观念，所以在本研究中我们认为被试对某一行为情境态度的平均得分小于2（即被试的反应为"反对"以上）时，就认为该情境所引发的价值观在被试的价值观体系中具有保护性。依据此标准，在初始问卷中共有8个条目的平均得分大于2，因此将这8个条目删除。另外，还有2个条目V15和V29在内容上属于法律层面，也一并删除，总计删除10个条目。剩下的20个条目可以作为正式问卷的测量条目。结果见表4-4。

表4-4 　　　　　　　　　　　　　预试结果

条　目	M	SD	是否保留
1. 买卖人体器官	1.57	0.78	是
2. 克隆人	2.06	1.00	否
3. 求职简历造假	1.76	0.75	是
4. 破坏历史古迹	1.34	0.72	是
5. 为工作失去尊严	1.47	1.46	是
6. 过度开发地下资源	1.62	0.67	是
7. 与父母吵架	2.24	0.82	否
8. 正义	1.99	1.12	是
9. 随地吐痰	1.68	0.76	是
10. 婚前性行为	2.89	0.98	否
11. 窥探他人隐私	1.94	0.72	是
12. 考试作弊	1.02	0.92	是
13. 踩踏草坪	2.25	0.85	否
14. 公交不让座	2.30	0.86	否
15. 坑蒙拐骗	1.39	0.68	否
16. 公正	1.85	1.16	是
17. 加塞不排队	1.94	0.93	是
18. 婚外情	1.74	0.89	是
19. 公平	1.84	1.01	是
20. 损害国家利益	1.92	1.18	是
21. 虐待动物	1.46	0.64	是
22. 对朋友撒谎	2.38	0.86	否
23. 代孕	2.58	1.02	否
24. 遇挫自杀	1.62	0.80	是
25. 毕业生毁约	2.59	0.92	否
26. 出卖客户资料	1.52	0.68	是
27. 排放污水	1.71	0.79	是
28. 同学间不正当竞争	1.92	0.80	是
29. 守法	1.77	1.07	否
30. 不赡养父母	1.14	0.49	是

（三）大学生保护性价值观正式问卷的形成

根据预试的结果，保留下来的 20 个条目可以作为正式问卷的题目。在形成正式问卷的过程中，为了尽可能避免条目表述本身引发被试的社会赞许性偏见，对个别条目的表述进行了修改。最终确定的正式问卷包括 20 个条目，见附录 5。为了区分个体保护性价值观的程度差异，在测量方式上，采用 Tanner 等人在 2008 年提出的包括五个指标的保护性价值观测量工具。这五个指标分别用来测量保护性价值观的拒绝交易、不可用金钱衡量等特征，其中两个指标反向计分。该工具采用从"非常不同意"到"非常同意"的 7 点计分方式。多个研究均表明，该工具具有良好的内部一致性信度（其 α 系数均大于 0.8）和结构效度（Tanner et al.，2008；Tanner，Ryf & Hanselmann，2007）。

（四）正式测量

首先，从华北、华中和华南地区分别选取中国青年政治学院、北京工商大学、华中科技大学、华南师范大学四所高校。然后，按照随机整群取样的方法，选取了数十个专业的全日制在校本科生作为调查对象。对样本以班为单位集体施测，当场作答，现场回收问卷。共计发送问卷 550 份，回收问卷 514 份，回收率为 93.5%。其中，有效问卷 512 份，有效率为 93%。样本的人口统计学变量见表 4-5。

表 4-5　　　　　　　　　　样本的人口统计学变量表

性别	男		女	
	197	38.5%	315	61.5%
专业	文		理	工
	91　17.9%		112　22.0%	306　60.1%
年级	大一	大二	大三	大四
	153　29.9%	148　28.9%	142　27.7%	69　13.5%
入学前居住地	农村	县城	地级市	省会直辖市
	149　29.2%	79　15.5%	68　13.3%	211　41.3%
大学所在地	北京		武汉	广州
	300		110	102

（五）数据处理

采用 SPSS13.0 进行数据的管理和分析。

四 研究结果

（一）当代中国大学生保护性价值观的聚类结果

首先，计算所有被试在保护性价值观五个指标上得分的均值作为衡量被试在该条目上的保护性强度的判断标准。然后，对所有被试在所有保护性价值观条目上的均值得分进行层次聚类，聚类的方法选择组间连接法（Between-groups linkage），距离的测度方法选择皮尔逊相关（Pearson correlation），聚类结果见图 4-1。

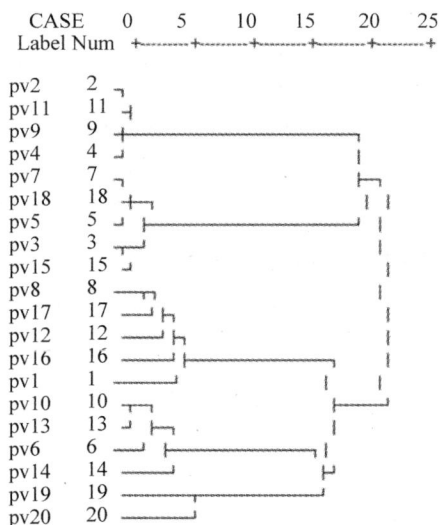

图 4-1 聚类分析结果

从图 4-1 可以看出，当代中国大学生的保护性价值观大体可以汇聚成五个类型。

第一类，包括条目 1、8、12、16、17，这几个条目分别涉及买卖器官、窥探隐私、婚外情、自杀、泄密等内容，主要反映的是对个体自身的生命健康等自然属性的保护，因此命名为"身体保护"。

第二类，包括条目 2、4、9、11，这几个条目分别涉及造假、丢面子、作弊、不遵守秩序等内容，主要反映的是对个体自身的道德品质和修养等社会属性的保护，因此命名为"品德修养"。

第三类，包括条目 3、5、7、15、18，这几个条目分别涉及破坏古物、滥用资源、破坏卫生、污染环境、伤害动物等内容，主要反映的是对自然和生态环境的保护，因此命名为"环境保护"。

第四类，包括条目 19 和 20，这两个条目分别涉及个体与朋友、父母等他人之间的关系，反映的是个体对友情、亲情等人际关系的重视和保护，因此命名为"人际交往"。

第五类，包括条目 6、10、13、14，这几个条目分别涉及见义勇为、权钱交易、徇私舞弊、国家利益等内容，主要反映的是个体对正义、公平、国家利益等公共利益的关注和保护，因此命名为"公共利益"。

（二）当代中国大学生保护性价值观的特点

1. 总体特点

对各类型保护性价值观下的所有项目求均值，以分析当代中国大学生保护性价值观的总体状况，结果见表 4-6 和图 4-2。

表 4-6　　　　当代中国大学生保护性价值观的描述统计结果

保护性价值观	N	M	SD
人际交往	512	6.14	0.71
身体保护	512	5.94	0.96
环境保护	512	5.81	1.07
公共利益	512	5.46	1.04
品德修养	512	5.23	1.19

从表 4-6 看出，各类型保护性价值观的平均得分均大于 5，表明个体对这些价值均持有比较强烈的保护性观念。从保护性程度的强弱来看，保护性价值观的排序为人际交往 > 身体保护 > 环境保护 > 公共利益 > 品德修养。根据当代中国大学生保护性价值观各维度的均值绘制的"当代中国大学生保护性价值观蛛网图"（图 4-2）也显示，当代中国大学生将人际交往、身体保护等价值观念作为优先保护的价值观，而对环境保护、公共利益等价值观念的保护性程度稍弱，对品德修养的价值

观念保护性程度最弱。

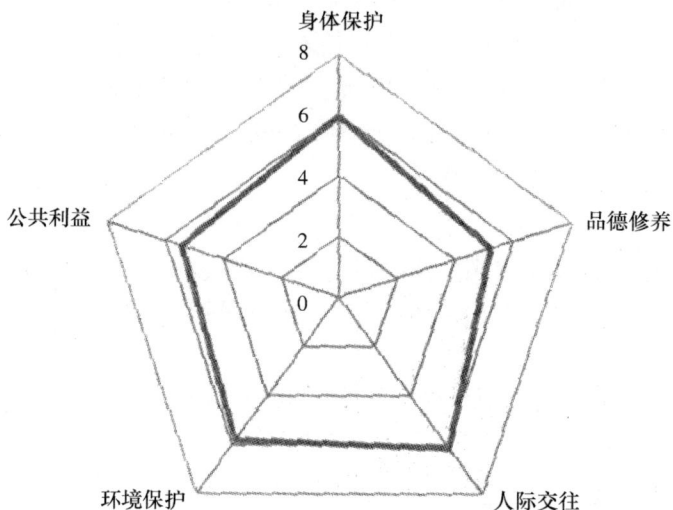

图4-2 当代中国大学生保护性价值观蛛网图

2. 性别特点

对不同性别大学生在各类保护性价值观上的得分均值进行重要性排序，结果（表4-7）表明，男女大学生在五类价值观上的保护性强度排序与总体的分析结果一致。进一步对不同性别大学生在五类保护性价值观上的得分进行独立样本的 t 检验，结果（表4-8）表明，男女大学生对各类保护性价值观的保护性强度并不存在显著的差异。

表4-7　　　　　　　　**不同性别大学生保护性价值观的基本情况**

保护性价值观	男（$M \pm SD$）	女（$M \pm SD$）
人际交往	6.10 ± 0.81	6.16 ± 0.64
身体保护	5.85 ± 1.03	5.99 ± 0.90
环境保护	5.72 ± 1.15	5.85 ± 1.01
公共利益	5.35 ± 1.15	5.52 ± 0.95
品德修养	5.20 ± 1.31	5.24 ± 1.12

表4-8 保护性价值观的性别差异检验结果

保护性价值观	t	p
人际交往	-0.95	0.34
身体保护	-1.55	0.12
环境保护	-1.32	0.18
公共利益	-1.68	0.09
品德修养	-0.30	0.76

3. 年级特点

对不同年级大学生在各类保护性价值观上的得分均值进行重要性排序（表4-9），并对相邻保护性价值观之间进行差异分析（表4-10），结果表明，大一学生的保护性价值观排序结果与总体分析结果一致。大二学生在"环境保护"和"身体保护"相邻价值观、"公共利益"和"品德修养"相邻价值观之间的重要性排序发生了逆转，但相邻价值观之间的差异并没有达到显著水平。大三学生在"身体保护"和"环境保护"相邻价值观之间的重要性排序发生了逆转，但其差异也没达到显著水平。大四学生在"环境保护"和"公共利益"相邻价值观之间的重要性排序发生了逆转，且其差异达到了非常显著的水平。综合来看，尽管个别数据的重要性排序结果不一致，但其总体趋势并没有发生逆转性的变化。

表4-9 不同年级大学生保护性价值观的基本情况

保护性价值观	大一 (M ± SD)	大二 (M ± SD)	大三 (M ± SD)	大四 (M ± SD)
人际交往	6.09 ± 0.66	5.87 ± 0.84	6.21 ± 0.65	6.63 ± 0.09
身体保护	6.01 ± 0.90	5.69 ± 1.02	5.95 ± 0.93	6.25 ± 0.83
环境保护	5.82 ± 1.16	5.71 ± 1.03	6.07 ± 1.00	5.39 ± 0.91
公共利益	5.69 ± 0.79	5.07 ± 1.24	5.24 ± 1.03	6.22 ± 0.05
品德修养	5.45 ± 1.29	5.20 ± 1.20	5.01 ± 1.10	5.21 ± 1.08

表4-10　　　当代中国大学生保护性价值观间的年级差异分析

相邻保护性价值观	大一		大二		大三		大四	
	t	p	t	p	t	p	t	p
人际交往—身体保护	1.20	0.23	2.87	0.00***	3.47	0.00***	3.80	0.00***
身体保护—环境保护	2.00	0.04*	0.40	0.69	1.60	0.11	7.27	0.00***
环境保护—公共利益	1.46	0.15	9.28	0.00***	10.85	0.00***	7.86	0.00***
公共利益—品德修养	2.66	0.01*	1.40	0.16	1.74	0.08	7.83	0.00***

注：$*p<.05$；$**p<.01$；$***p<.001$；下同。

　　为了更直观地反映保护性价值观在不同年级大学生之间的发展趋势，以年级为横坐标，以各类保护性价值观得分均值为纵坐标，制作折线图（图4-3）。从该图可以看出，除了"环境保护"价值观之外，其他保护性价值观在大一到大二年级之间，其保护性强度会有所减弱，之后随着年级的升高会逐渐增强，表现出"先抑后扬"的变化趋势。

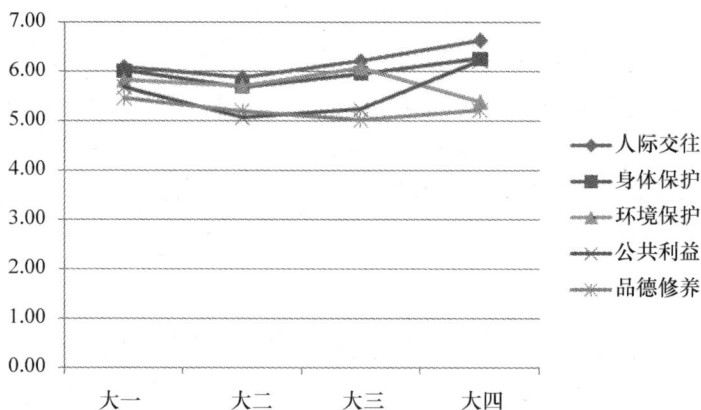

图4-3　保护性价值观在年级之间的变动趋势

4. 地域特点

　　对来自不同地区的大学生在各类价值观上的保护性强度进行重要性排序（表4-11），结果表明，不同地域大学生对各类保护性价值观重要性的排序与总体的分析结果完全一致。进一步对来自不同地区的大学生在各类价值观上的保护性强度进行单因素方差分析（表4－12），结果表明，除了"品德修养"和"人际交往"保护性价值观之外，不同地域的大学生对"身体保护"、"环境保护"和"公共利益"价值观，其保护性强度存在显著的差异。在"身体保护"价值观上，总体趋势是县城＞农村＞省会或直辖市＞地级市；在"环境保护"价值观上，总体趋势是省会或直辖市＞地级市＞农村＞县城；在"公共利益"价值观上，总体趋势是县城＞省会或直辖市＞地级市＞农村。

表4－11　　　　　不同地域大学生保护性价值观的基本情况

保护性 价值观	农村 （$M \pm SD$）	县城 （$M \pm SD$）	地级市（$M \pm SD$）	省会或直辖市 （$M \pm SD$）
人际交往	6.07 ± 0.71	6.20 ± 0.66	6.12 ± 0.67	6.18 ± 0.72
身体保护	5.98 ± 0.86	5.99 ± 0.91	5.83 ± 0.90	5.94 ± 1.02
环境保护	5.71 ± 1.00	5.68 ± 1.02	5.79 ± 1.16	5.93 ± 1.09
公共利益	5.36 ± 1.04	5.58 ± 0.92	5.42 ± 1.09	5.53 ± 1.01
品德修养	5.11 ± 1.21	5.26 ± 1.11	4.97 ± 1.23	5.37 ± 1.18

表4－12　　　　　当代中国大学生保护性价值观间的地域差异分析

保护性 价值观	F	p
人际交往	2.02	0.09
身体保护	2.63	0.03 *
环境保护	2.43	0.04 *
公共利益	2.58	0.03 *
品德修养	2.09	0.08

五　小结

本研究通过大规模的问卷调查获取量化数据，运用层次聚类的统计方法获取了当代中国大学生保护性价值观的主要类型及其特点。研究结果表明，当代中国大学生的保护性价值观基本可以汇聚为身体保护、品德修养、环境保护、人际交往和公共利益等五种类型。该聚类结果进一步验证了分研究一质性分析的结果，可以反映当代中国大学生的保护性价值观。与质性分析结果不同之处在于，在问卷条目的筛选过程中，科技伦理领域的价值观条目并没能得到预试数据的支持，这说明科技伦理的保护性价值还没有得到大学生的普遍认同。而在以西方文化为背景开展的研究中，科技伦理方面的保护性价值观是一个非常重要的研究内容。如，Baron 和 Spranca（1997）的研究中设计了"通过基因工程提高智商"等题目，Lim 和 Baron（2000）的研究中包含了"基因治疗"的题目，这些题目的目的都是为了考察人们在使用科学技术成果方面所持有的保护性价值观念。在中国文化背景中并没有发现科技伦理的保护性价值观念，一方面可能与中国的科技水平与西方发达国家相比明显落后有关，另一方面也与人们对高科技成果了解相对较少，中国民众的科学素养偏低有关。根据中国科协公布的中国公民科学素养调查结果：2010年我国具备基本科学素养的公民比例仅为 3.27%，尽管较过去已有明显提升，但仅相当于日本、加拿大、欧盟等主要发达国家和地区 20 年前的水平。其他类型的保护性价值观会在研究一的讨论中作详细分析。

第三节　讨论与小结

一　研究一的讨论

（一）当代中国大学生保护性价值观的类型

研究一采用质性和量化相结合的方法探讨了当代中国大学生保护性价值观的类型及特点，研究结果表明，当代中国大学生的保护性价值观大体可以归结为身体保护、品德修养、环境保护、人际交往和公共利益等五种类型。

1. 身体保护。该价值观指的是对人的生命、健康、隐私、性等自然属性所持有的保护性观念。马克思指出："全部人类历史的第一个前提无疑是有生命的个人的存在。"（引自中央编译局，1995）生命的存在是人的一切实践活动的前提和基础。生命价值观是个体对生命的根本看法和态度，是生命个体的外在化和客观化，是一种对于生存和生存价值的体认和感悟（向楠、朱世宏，2010）。尽管在当前大学生中存在自杀、校园伤害等蔑视生命的行为和现象，但总体上大学生对生命的意义和价值的认知是理性积极、健康向上，相关的调查结果也证明了这一点（刘娟、刘岚、李磊，2010；周宏岩，2010）。生命价值在西方文化背景中也同样属于保护性观念，并且其外延进一步扩大，不仅包括人的价值，而且还扩展到自然界中一切生命的价值。Baron 和 Spranca（1997）、Lim和 Baron（2000）进行的保护性价值观研究中不仅涉及了人的生命的价值，而且还涉及野生动物、海洋生物等其他物种生命的价值和意义。隐私、性保护等观念在本研究中属于保护性价值观念，但在以西方文化为背景进行的研究中几乎没有涉及。其原因，一方面反映出东西方文化对性以及与性有关的行为的态度和要求不同。东方文化普遍以儒家文化为代表，对性以及与性有关的行为的要求是"贞洁"、"嫁鸡随鸡、嫁狗随狗"；西方文化受 20 世纪 60 年代"性解放"运动的影响，民众对性以及与性有关的行为的观念普遍比较开放、自由，因此对性的保护性观念东西方文化差异巨大。另一方面，在当前中国社会发生了多起社会影响广泛的隐私泄露现象，如"艳照门"事件。这些事件的出现也在一定程度上促使人们重新思考对个人隐私的保护，使得对隐私的保护也成为当前大学生强调的一个重要内容。

2. 品德修养。该价值观指的是个体对自身的道德品质和修养等社会属性的保护，如诚信、尊重他人、文明礼貌等。该保护性价值观与中国传统文化紧密相连，是中国文化背景下所特有的保护性价值观。《论语》记载："子以四教：文、行、忠、信"，信被孔子列为四教之一，可见它被重视的程度。孟子认为"诚者，天之道也；思诚者，人之道也。至诚而不动者，未之有也；不诚，未有能动者也。"老子也告诫人们，"信言为美，美言不信"，"信者，吾信之；不信者，吾亦信之，德信"。这些都反映了传统文化对人的诚信的道德追求。除了诚信之外，中国传统文化同样对人的其他方面的品德修养也提出了明确的要求，如提倡仁爱，"泛爱众而亲仁"、"仁者爱人"；注重自省、宽容，主张"见贤思齐"、"见不贤而内自省"，要求人们"吾日三省吾身"，以提高自身修养，另外还提倡忍让，与人相处要"礼为用，和为贵"等。以至于有学者认为，中国的文化结构是以个人的道德修养为纲的（钱穆，1979）。由于中国传统文化的流传之久、影响之深，因此传统文化中对人的道德修养的要求就内化为人们对道德价值的认同，在本研究中则表现为人们对品德修养持有保护性价值观念。

3. 环境保护。该价值观意指个体对自然和生态环境重要性所持有的保护性价值观念。此价值观是在东西方文化中均存在的保护性价值观念。在西方，对生态和环境价值观的研究非常普遍，Baron 和 Spranca（1997）进行的保护性价值观研究中设计了"砍伐森林"、"杀害野生动物"等问题；Lim 和 Baron（2000）的研究设计了"排放毒气"等题目；Tanner 和 Medin（2004）的研究也采用了"饮用水污染"等问题。这些问题的设计既反映了西方对环境保护的重视，同时也说明了环境保护的价值和意义。在中国，随着人们对环境保护重视程度的提高，对环保价值观的研究也日益增多。环境保护价值观已经成了当前我国价值观研究中的一个重要维度（金盛华、郑建君、辛志勇，2009；岑国桢，2007；余骏，2005），这些研究普遍显示出我国青少年对当前的环境问题比较关注，并且对环境保护的态度总体上较为积极。尽管在现实生活中，对中国人环保意识和环保行为的批评不绝于耳，而且事实上也的确存在大量的不讲卫生、破坏环境的行为，但本研究的结果却表明，在大学生群体中环境保护是一个普遍受到保护的价值观念。这可能与我们研究的群体大学生有关。与其他群体相比，大学生是一个受过高等教育的群体，其高等教育经历会对其环保价值观念的形成产生重要影响。Baron 等（Baron & Spranca，1997）也认为，不同的人所保护的价值不同，教育水平可能是一个重要的影响因素。

4. 人际交往。该价值观意指个体对亲情、友情等人际关系价值所持有的保护性观念。该保护性价值观也是中国文化背景中所特有的，其实质反映了中国文化对"关系"的一贯强调和重视。在古代，孔子即提出"仁"的概念，强调"泛爱众而亲仁"、"仁者爱仁"，倡导"中庸"思维，以建立和谐的人际关系。费孝通（1947）首先用"差序格局"概念来描述关系对人们的影响。因为"差序格局"的秩序结构不仅体现了儒家"尊尊亲亲"的伦理原则，而且也是关系识别和运作的脚本（杨宜音，2008）。梁漱溟（1987）用"关系本位"概念来描述中国人凡事以文化为依归的特质。杨国枢（1993）在分析中国人的"社会取向"时，将"关系取向"作为社会取向的一个重要特征，认为关系取向是中国人在人际网络中的一种主要运作方式。何友晖等人甚至认为，"关系取向"是中国人社会心理的神髓（何友晖、陈淑娟、赵志裕，1991）。由此可见，无论是古代还是现代，中国文化都特别强调和重视良好人际关系的作用，对人际关系的重视则逐渐成为了人们的保护性价值观念。而在西方文化中则比较淡化人际关系的价值和作用，人际交往自然不能成为西方民众的保护性价值观念。东西方文化对"关系"作用和价值的认知差异还体现在"自我"的构成上。中国价值体系中的"自己"与西方价值体系中的"自己"并不完全相同，西方人的"自己"是以表达、表现及实现"个己"为主，而中国人的"自己"是以实践、克制及超越转化的途径，来使"自己"与"社会"结合。因此，中国人的自己是可以扩展的，不仅包括个体自身，还可以推及家庭、亲戚、朋友，甚至家族和宗族。从这一角度看，中国人又是社会取向、关系取向或情境取向的（金盛华，2010）。

5. 公共利益。该价值观意指个体对公平、正义、国家利益等公共利益价值所持有的保护性态度和观念。公共利益保护性价值观大多涉及人们在社会生活过程中普遍应该遵守的行为原则和规范。在国外的保护性价值观研究中，与之相类似的是对"人权"的重视，在 Baron 和 Spranca（1997）、Lim 和 Baron（2000）等研究者进行的研究中都设计了与人权有关的题目，反映出西方文化对人权问题的关注和重视。在国内，随着近些年国家对公民权益的重视，公民的维权意识大大提高。与此同时，公民对国家和政府在公民权益保障方面承担何种责任也提出了更高的要求。党的十六届六中全会首次提出构建"权益保护机制"，党的十七大再一次强调"更好保障人们权益"，重点建立权利公平、机会公平、规则公平、分配公平的公民权益保障体系，目的是为了保障人民群众在参与政治、经济、文化生活等方面享有同等的权利。大学生作为社会群体中的优秀代表，其价值观念在某种程度上主导着未来社会的价值观念体系。在本研究结果中，在大学生群体中普遍对公共利益持有保护性观念，因此这一结果对未来中国社会的发展具有积极意义。与国外研究不同，本研究还发现了"国家利益"的保护性价值，这一方面反映了当代中国大学生普遍具有较高的爱国热情，另一方面也与西方文化"轻集体、重个人"的观念有关。

（二）当代中国大学生保护性价值观的特点

1. 当代中国大学生保护性价值观的文化普遍性与文化特殊性

本研究发现，当代中国大学生的保护性价值观分为身体保护、品德修养、环境保护、人际交往和公共利益五种类型。从文化比较的角度分析，这五种类型的保护性价值观进一步归结为两类文化范畴：一类是不同文化之间所共有的保护性价值观，如身体保护、环境保护、公共利益。这些价值观在以东西方文化为背景进行的研究中均显现出较强的保护性，显示出跨文化的普遍性。如，Baron 和 Spranca（1997）的保护性价值观研究中涉及到"买卖器官"、"滥伐森林"、"伤害野生动物"等条目，这些题目属于"身体保护"、"环境保护"等类型；Lim 和 Baron（1997）的保护性价值观研究中涉及到"排放毒气"等题目，属于"环境保护"的类型。另外，西方研究者在保护性价值观研究中大多会涉及到有关"人权"的题目，其含义与本研究的"公共利益"保护性价值观类似。另一类保护性价值观则仅在以中国文化为背景的研究中显示出保护性，这类价值观反映出中国文化的独特影响，具有文化特殊性。如，本研究中发现的"品德修养"和"人际交往"类型。在中国以儒家为代表的传统文化中，非常强调个人的品德修养。《论语》记载："子以四教：文、行、忠、信"，信被孔子列为四教之一。孟子认为"诚者，天之道也；思诚者，人之道也。至诚而不动者，未之有也；不诚，未有能动者也。"除了诚信之外，中国传统文化同样对人的其他方面的品德修养也提出了明确的要求，如提倡仁爱，"泛爱众而亲仁"、"仁者爱人"；注重自省、宽容，主张"见贤思齐"、"见不贤而内自省"，要求人们"吾日三省吾身"，以提高自身修养，另外还提倡忍让，与人相处要"礼为用，和为贵"，等等。由于中国儒家传统文化的流传之久、影响之深，因此传统文化中对人的道德修养的外在要求就逐渐内化为个体对自身品德修养的认同，品德修养也就成为了保护性价值观。人际交往反映的是个体对亲情、友情等人际关系价值所持有的保护性观念。该保护性价值观也是中国文化背景中所特有的，其实质反映了中国文化对"关系"的一贯强调和重视。在古代，孔子即提出"仁"的概念，强调"泛爱众而亲仁"、"仁者爱人"，倡导"中庸"思维，以建立和谐的人际关系。近现代，费孝通（1985）用"差序格局"概念来描述关系对人们的影响，梁漱溟（1987）用"关系本位"概念来描述中国人凡事以文化为依归的特质，何友晖等（1991）则用"关系取向"来解析中国人的社会心理。由此可见，无论是古代还是近现代，中国文化都特别强调和重视良好人际关系的作用，表现在本研究中有关的项目则聚合为"人际交往"保护性价值观。

2. 当代中国大学生保护性价值观所反映的社会关系结构和心理结构

我国学者潘维（2007）认为，基本的社会关系是社会构成的骨架，对应这些基本社会关系的是非判断就是核心价值观。多个核心价值观之间构成分层的核心价值观体系。依据此思想，本研究中确定的五种保护性价值观类型实际上也反映了以下几层社会关系：第一层：个体与自我的关系。在本研究中表现为身体保护价值观类型，是个体对自身特征诸如生命、健康、隐私等人的自然属性和特征的保护性观念。第二层：个体与他人的关系。在本研究中表现为品德修养和人际交往两种保护性价值观类型，是个体对与他人交往过程中所必须遵循的行为规范和原则，以及在交往过程中产生的情感所持有的保护性观念，如诚信、孝敬长辈等。第三层：个体与自然的关系。在本研究中表现为环境保护价值观类型，是个体关于如何对待自然和生态环境所持有的保护性观念，如节约用水、爱护花草等。第四层：个体与社会的关系。在本研究中表现为公共利益价值观类型，是个体作为群体、国家或社会的一员，在参与社会生活过程中所持有的保护性观念，如爱国、公平正义等。

在本研究中，根据大学生在每种类型保护性价值观上的得分进行排序，绘制成"当代中国大学生保护性价值观心理结构图"。

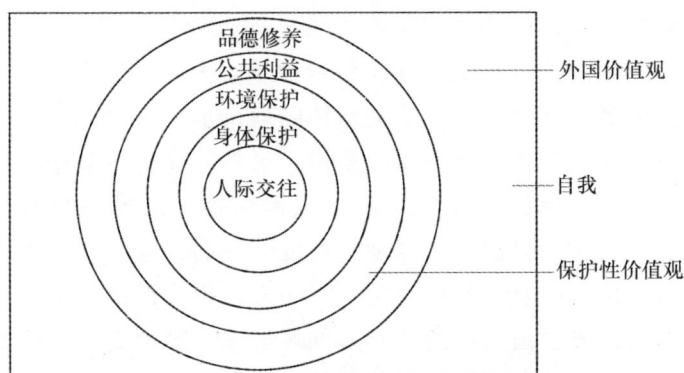

图4-4 当代中国大学生保护性价值观心理结构图

Rokeak（1973）认为，价值观是个体自我的整体构成，但并非所有价值观均处于个体自我的核心，只有那些与个体自我价值感紧密相连的核心价值观，才位于个体自我的中心，并能准确预测个体的行为。保护性价值观作为个体极力避免与其他价值进行交换的思想观念，明显处于个体自我的核心，是个体核心价值观的主要组成部分，如图4-4所示。

在保护性价值观内部也存在明显的层级分布，从内到外依次是人际交往、身体保护、环境保护、公共利益和品德修养。价值观的保护性程度越强，其越处于个体自我的核心，对行为的预测能力也越强；反之，对行为的预测能力就越弱。

3. 当代中国大学生保护性价值观的时代特点

价值观会受到时代的影响，随着时代的变化而变化，保护性价值观也不例外。从本研究揭示的当代中国大学生保护性价值观的总体特点来看，保护性程度最高的是"人际交往"，而保护性程度最低的是"品德修养"。这说明，"重关系"、"轻品德"已经成了当前大学生价值观的重要特征。"重关系"既与中国传统文化中"关系取向"的影响有关，也反映出当前时代大环境中"拉关系"、"走后门"等社会大风气对价值观的直接影响。大学生作为社会的一分子，已经不可避免地受到影响。重视人际关系并无不妥，关键要看重视的是哪种人际关系。如果重视的是亲情、爱情等社会倡导的人际关系，则有助于社会良好风气的建立。反之，不仅会影响大学生建立正确的是非和价值观念，而且也会极大损害社会的公平正义和公共秩序。"轻品德"则反映出当代中国大学生正在逐渐忽视个人品德修养的重要性，如果任其发展下去，"品德修养"很可能不再成为大学生的保护性价值观。大学生作为国家和社会的未来，其品德修养直接决定着社会整体的道德水准。因此，该问题应该引起教育主管部门和教育者的高度重视。另外，在本研究中还发现，保护性价值观随着年级的升高呈现出"先抑后扬"的发展趋势，在大一和大二之间，大学生保护性价值观的程度会减弱，这可能与大学生刚进入大学校园对自身的要求放松有关。对于来自不同地区的大学生，保护性价值观之间也显示出一定的差异。如环境保护价值观，总体的趋势是来自大中城市的大学生的价值观的保护性程度要强于来自县城和农村的大学生，这可能与大中城市越来越重视环境保护的宣传和教育有关。

二　小结

研究一采用质性分析和量化研究相结合的方法，对当代中国大学生普遍持有的保护性价值观念进行了系统分析。研究一的结果表明，当代中国大学生的保护性价值观主要包括身体保护、品德修养、环境保护、人际交往和公共利益五种类型。这五种类型的保护性价值观体现出鲜明的文化特征和时代特征。从文化的角度看，这五种类型的保护性价值观既包括东西方文化中都共同存在的价值观念，如身体保护、环境保护、公共利益；也包括中国文化中所特有的价值观念，如人际交往和品德修养，显示出文化对保护性价值观的深刻影响，具有鲜明的文化特征。从时代的角度看，这五种类型的保护性价值观在当代中国大学生群体中的受保护程度并不一致，呈现出"重关系"、"轻品德"的特点，该特点明显与当前的时代背景和社会环境影响有关，显示出鲜明的时代特征。

第五章 研究二：保护性价值观对行为决策的影响

第一节 研究目的与假设

一 研究目的

传统的对保护性价值观"全"或"无"的测量方式，并没有将保护性价值观的个体差异区分出来，这部分也导致了以往关于保护性价值观的研究产生了相互矛盾的结果（Markman & Medin, 2002；Tanner & Medin, 2004）。随着新的保护性价值观测量工具的提出，最近的研究确认了保护性价值观在个体身上"量"的差异（Tanner, Medin & Iliev, 2008；Hanselmann & Tanner, 2008）。这种"量"上的差异是不是造成个体决策差异的一个因素，已有的研究并没有给出直接回答，需要进一步的验证。另外，除了保护性价值观强度的个体差异之外，还有没有其他因素共同影响着人们的决策过程？在价值观的研究中发现，价值观激活也是影响人们行为选择的必要条件，通过激活自我的方式能够间接激活价值观，进而影响人们的行为选择（Higgins, 1996；Kruglanski, 1996）。对于保护性价值观来说，是否激活自我也能激活保护性价值观，进而影响人们的决策过程？既然保护性价值观具有道德伦理的特殊属性，激活道德是否同样能够激活保护性价值观，进而影响人们的决策过程，尤其是道德决策过程？对这些问题的综合探讨，目的在于找出保护性价值观影响行为决策的条件。

二 研究假设

H1：保护性价值观强度的个体差异和激活是影响行为决策的必要条件；

H2：激活自我能够激活保护性价值观，并影响决策过程；

H3：激活道德能够激活保护性价值观，并影响决策过程；

第二节　实验1

一　实验目的

直接验证保护性价值观强度的个体差异是影响个体行为决策的重要因素。

二　实验假设

具有高保护性价值观的个体更少受到其他利益，特别是经济利益的影响，因此在决策过程中更倾向于做出与保护性价值观相一致的行为。

三　实验设计

采用单因素实验设计。自变量为被试的环境保护价值观，因变量为被试的购买意愿和额外支付的金钱数量。

四　被试选取

被试为全日制普通高校在校本科生，共计85名，其中男生40名，女生45名。被试通过招募自愿参加实验，实验后获得学分奖励或少量物质报酬。

五　实验程序

被试需要依次完成三个实验任务。这三个任务均属于纸笔操作测验，通过集体施测的方式进行。被试当场填写测验，检查无误后由主试当场回收。

实验任务一　是一个关于"购物决策"的情境模拟任务。实验范式来源于 Baron（1997）提出的 WTP（willing to pay）范式。实验情境如下：

假设你决定要购买一张书桌，现在只有品牌 A 和品牌 B 可供选择。两个品牌的区别在于：品牌 A 是用**无法回收利用的普通材料**制成，价格为 100 元；而品牌 B 是**用可回收再利用的环保材料**制成，但其价格更高。除了材料和价格外，品牌 A 和品牌 B 的书桌其他方面完全相同。请问，你是否愿意购买**品牌 B** 的书桌？

（1）愿意　　　　（2）不愿意

如果愿意，你最多额外支付的金钱数量是＿＿＿＿＿＿元。

被试回答完毕后，呈现实验任务二。

实验任务二　用来测量被试对于"环境保护"价值观的保护性强度。研究一已经证实该价值观是大学生群体中普遍存在的保护性价值观。采用 Tanner 等人提出的保护性价值观测量工具，包含五个指标，使用从"非常不同意"到"非常同意"的 7 点计分方式。为了区分被试在该价值观上的保护性强度的高低，首先计算每个被试在这五个指标上的得分的均值，作为被试在该价值观上的保护性强度得分，然后按照该得分均值的高低，将所有被试区分为高低两组。

实验任务三　用来测量被试的社会赞许性（social desirability）偏见。社会赞许性偏见一直是态度、价值观等领域的测量中存在的一个重要的干扰变量。由于该领域的测量大多采用自陈式反应，社会赞许性反应偏差的影响，可能会导致测量工具的信度、效度降低（Ganste, Hennessey & Luthans, 1983；Arnold & Feldman, 1981）。为了排除被试的社会赞许性反应偏见，采用比较常用的 Marlowe-Crowne 赞许性量表（MCSD）测量被试的社会赞许性反应倾向，并通过统计控制的方法予以排除。该量表包含 33 个条目，量表得分范围是 0—33 分，高分表示较强的认可需求。在使用的过程中，删除了个别不适合大学生的测量题目。在已报告的测试中，内部一致性 a 系数为 0.73—0.88（汪向东，1993）。

六　数据处理

将获得的数据输入 SPSS13.0 软件包进行统计分析。

七　结果与分析

（一）不同行为选择个体的保护性价值观差异

对不同行为选择个体的保护性价值观得分进行独立样本的 t 检验，结果见表 5 -1。

表 5 - 1　　　　不同行为选择个体的保护性价值观得分及差异检验

购买选择	M	SD	t	p
愿意	4.69	0.96	2.98	0.004**
不愿意	3.74	0.82		

从表 5 - 1 可以看出，具有不同购买选择的被试，其环境保护价值观的得分存在非常显著的差异，$t(1, 83) = 2.98$，$p < 0.01$，高环境保护价值观的被试更多地选择了购买环保产品，说明价值观保护性强度的高低是影响被试购买行为的重要因素。

（二）不同保护性价值观的个体愿意额外支付的金钱数量差异

对高低环境保护性价值观的个体愿意额外支付的金钱数量进行独立样本的 t 检验，结果见表 5 - 2。

表 5 - 2　　　不同保护性价值观的个体愿意额外支付的金钱数量差异

保护性价值观	M	SD	t	p
高	123.83	163.79	3.29	0.002**
低	19.63	10.37		

由上表可以看出，高低环境保护价值观的个体愿意额外支付的金钱数量存在非常显著的差异，$t(1, 72) = 3.29$，$p < 0.01$，被试的环保价值观保护性程度越高，其愿意额外支付的金钱数量也越多，这进一步证明了保护性价值观的程度高低是被试考虑购买选择的重要因素。

（三）被试保护性价值观和额外支付的金钱数量的偏相关分析

为了排除社会赞许性在被试环保价值观和购买行为之间的干扰作用，我们运用偏相关的统计方法，剔除被试的社会赞许性偏见后，计算被试的环保价值观和额外支付的金钱数量的相关，结果见表 5 - 3。

表 5 - 3　　被试保护性价值观和额外支付的金钱数量的简单相关及偏相关结果

变量	r（简单相关）	p	r（偏相关）	p
保护性价值观 额外支付的金钱	0.637	0.000***	0.630	0.000***

从表 5 - 3 可以看出，被试保护性价值观的高低和额外支付的金钱之间存在非常显著的相关关系，$r = 0.637$，$p < 0.001$。在排除了被试的社会赞许性偏见之后，尽管二者的相关系数发生了改变（$r = 0.630$），但二者之间仍然存在着非常显著的相关关系，$p < 0.001$。这说明，社会赞许性偏见并没有对被试的环保价值观和购买决策之间的关系产生实质性的影响。

八 讨论

本实验的目的在于对保护性价值观强度的个体差异对个体决策行为的影响效应进行直接的检验。首先，从做出不同选择行为的个体的保护性价值观得分来看，高环保价值观的被试更多地选择购买环保材质的书桌，较少考虑价格的因素，说明具有高保护性价值观的被试更少受其他经济利益的影响；其次，在选择购买环保材质书桌的人群中，对不同保护性价值观的被试愿意额外花费的金钱数量进行检验表明，高保护性价值观的被试倾向于额外花费更多数量的金钱，以购买环保产品，进一步证明了保护性价值观的高低是影响被试决策行为的必要条件。最后，在本实验中还运用统计控制的方法，对价值观研究中普遍存在的社会赞许性偏见效应进行了控制，结果进一步确认了保护性价值观强度和个体行为决策的内在联系，证实了"保护性价值观强度的个体差异是影响个体行为决策的重要因素"这一研究假设。

第三节　实验 2

一　实验目的

实验 1 的结果表明，保护性价值观强度的高低是影响个体决策行为的重要因素，高保护性价值观的被试更倾向于做出与价值观一致的行为。那么该条件是否是唯一的条件？在价值观研究中已经发现，除了价值观对个体的重要程度之外，价值观是否被激活也是一个必要条件，通过激活自我的方式能够激活个体的核心价值观，进而导致个体做出价值表达行为（Verplanken & Holland，2002；黄雪娜，2010）。对于保护性价值观来说是否也存在同样的效应？本研究即通过操纵个体的自我聚焦（self-focus）程度来检验自我激活对保护性价值观和行为决策关系的影响。为了进一步提高研究的外部效度，与实验 1 不同，在本实验中使用了不同的保护性价值观类型，并且采用"道德两难"任务作为实验模拟情境，目的在于控制被试的社会赞许性偏见。

二　实验假设

当个体的自我被激活时，高保护性价值观的个体更倾向于做出与价值观相一致的行为，而低保护性价值观的个体则不存在这种效应。

三　实验设计

本实验采用 2（保护性价值观：高 vs. 低）×2（自我聚焦：高 vs. 低）的被试间实验设计。自变量为被试的保护性价值观和自我激活，因变量为被试的决策偏好。

四　被试选取

被试为全日制普通高校在校本科生，共计 85 名，其中男生 40 名，女生 45 名。被试通过招募自愿参加实验，实验后获得学分奖励或少量物质报酬。

五　实验程序

被试需要依次完成三个实验任务。这三个任务均属于纸笔操作测验，通过集体施测的方式进行。被试当场填写测验，检查无误后由主试当场回收。

实验任务一　目的在于操纵个体的自我聚焦程度。采用 Brewer 和 Gardner（1996）提出的自我聚焦操纵范式。首先，向被试呈现一个 1500 字左右的旅游故事实验材料（见附录 6），要求被试认真阅读并理解故事内容。对被试声称要对他们进行语言能力测试，实质是通过该材料操纵个体的自我聚焦程度。**在高自我聚焦条件下**，要求被试将实验材料中出现的我、我的、自己三个词圈出；**在低自我聚焦条件下**，要求被试在同样的实验材料中，圈出她、他、它和他（她）的。该操作的有效性在后来的研究中也得到了证实（Verplanken & Holland, 2002；黄雪娜，2010）。一半的被试接受高自我聚焦条件的处理，另一半被试接受低自我聚焦条件的处理。被试完成实验任务一后，紧接着呈现实验任务二。

实验任务二 是一个有关"疫苗接种"的模拟情境任务，该任务是一个典型的道德两难的行为决策任务。实验材料如下：

> 假设某地区正在遭受一场传染病的侵袭，该传染病会对人造成致命的伤害。目前，针对该疾病的疫苗正在开发和测试。但是，疫苗也可能产生副作用，甚至是致命的。经过科学的估计，如果接种该疫苗会使 1000 个儿童免于该传染病的侵袭，但该疫苗本身也会导致 100 个儿童感染该病毒。假如你是该接种计划的负责人，由你决定是否执行该计划。你会选择：
>
> A：执行该计划　　B：不执行该计划

被试做出选择后，呈现实验任务三。

实验任务三 用来测量被试对于"生命健康"价值观的保护性强度。研究一已经证实该价值观也是当代大学生群体中普遍存在的保护性价值观。采用 Tanner 等人提出的保护性价值观测量工具，包含五个指标，使用从"非常不同意"到"非常同意"的 7 点计分方式。为了区分被试在该价值观上的保护性强度的高低，首先计算每个被试在这五个指标上的得分的均值，作为被试在该价值观上的保护性强度得分，然后按照该得分均值的高低，将所有被试区分为高低两组。

因变量测量：因变量为被试的决策偏好，采用 9 点量表测量，得分越高被试越倾向于选择不执行该计划，得分越低被试越倾向于选择执行该计划。

六 数据处理

将获得的数据输入 SPSS13.0 软件包进行统计分析。

七 结果与分析

（一）对决策偏好分数的正态分布检验

在对数据进行方差分析之前，一般要求因变量为正态分布。因此，首先对本实验中的因变量决策偏好得分进行正态分布检验，结果见表5-4。

表5-4　　　　　　　　决策偏好分数的正态分布检验结果

正态指标	偏度	偏度标准误	峰度	峰度标准误
数值	0.205	0.251	-1.002	0.849

从表5-4中的偏度值和峰度值看出，均小于1，并且偏度值与偏度标准误的比值的绝对值和峰度值与峰度标准误的比值的绝对值均小于1.96，表明决策偏好分数的分布与正态分布无显著性差异。可以对决策偏好分数进一步进行方差分析。

（二）保护性价值观和自我激活的方差分析

对保护性价值观（高、低）和自我激活（有、无）进行方差分析，结果如下。

1. 方差齐性检验

以决策偏好分数为因变量进行方差齐性检验，$F(3, 88) = 0.692$，$p = 0.51$，方差齐性，满足方差分析的前提条件。

2. 保护性价值观和自我激活的多因素方差分析结果

以决策偏好分数为因变量，对保护性价值观和自我激活进行多因素方差分析，结果见表5-5。

表5-5　　　　保护性价值观和自我激活的多因素方差分析结果

	平方和	自由度	均方	F	p
保护性价值观	71.816	1	71.816	15.201	0.000***
自我激活	21.245	1	21.245	4.497	0.037*
保护性价值观×自我激活	25.833	1	25.833	5.468	0.022*

从上表看出，保护性价值观的主效应显著，$F(1, 88) = 15.201$，$p < 0.001$，对生命健康持有高保护性价值观念的个体，更倾向于不执行该计划；而对生命健康持有低保护性价值观的个体，则更倾向于执行该计划。自我激活的主效应显著，$F(1, 88) = 4.497$，$p < 0.05$，激活自我概念的被试，更倾向于不执行该计划，没有激活自我概念的被试，更倾向于执行该计划；保护性价值观和自我激活的交互作用也显著，$F(1, 88) = 5.468$，$p < 0.05$，见图5-1。

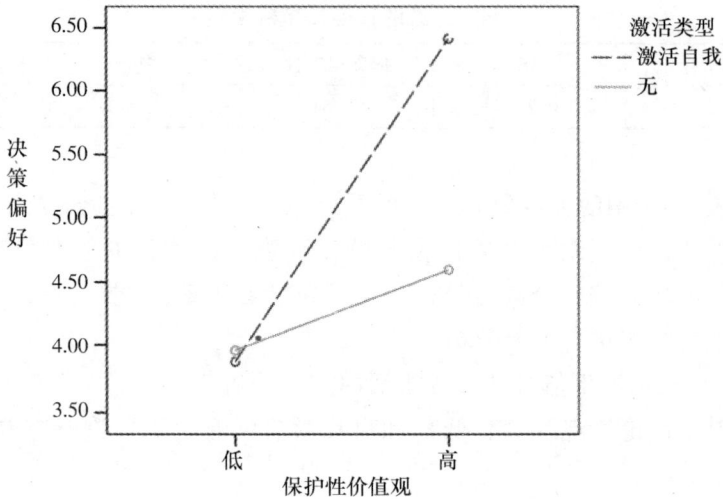

图 5 - 1　保护性价值观和自我激活的交互作用图

3. 交互作用的简单效应检验

由于保护性价值观和是否激活的交互效应显著，因此对二者交互效应的简单效应进一步检验，结果见表 5 - 6。

在低保护性价值观条件下，对有无自我激活的操纵效果进行检验发现，$F (1, 42) = 0.020$，$p = 0.887$，表明在有无自我激活的条件下，个体的决策偏好并不存在显著差异。

而在高保护性价值观条件下，对有无自我激活的操纵效果进行检验发现，$F (1, 46) = 11.649$，$p < 0.001$，表明在有无自我激活的条件下，个体的决策偏好存在非常显著的差异，激活自我概念的个体更倾向于不执行该计划。

表 5 - 6　　保护性价值观和自我激活交互效应的简单效应检验

	平方和	自由度	均方	F	p
低保护性价值观	0.105	1	0.105	0.020	0.887
高保护性价值观	50.449	1	50.449	11.649	0.001 **

八　讨论

本实验的目的是要确定除了保护性价值观的个体差异之外，是否还存在其他的因素制约着保护性价值观和行为决策的一致性。在本实验中发现，保护性价值观强度的主效应显著，说明保护性价值观的强度的确是影响个体行为决策的重要因素，该结果进一步验证了实验1的研究假设。另外，本实验还成功地通过激活自我激活了被试的保护性价值观。在价值观的研究中已经证实，价值观激活是影响价值观和行为决策一致性的重要条件。本实验的结果则将这个结论进一步推广到保护性价值观。激活自我的主效应显著，说明当激活个体的自我概念时，个体的保护性价值观更容易被激活，导致个体更倾向于忽略决策后果的价值或效用的影响，而选择做出与价值观相一致的行为。那么保护性价值观强度和激活自我在个体决策过程中的作用孰轻孰重？在本研究中还发现了保护性价值观强度和自我激活的交互作用。对二者交互作用的检验发现，只有当个体的保护性价值观强度较高时，激活自我才能影响个体的行为决策，而个体的保护性价值观强度较低时，是否激活自我对个体的行为决策并不会产生影响。因此，与激活效应相比，保护性价值观的强度在个体的行为决策中可能发挥着更为关键的作用。另外，为什么激活自我概念只能激活高强度的保护性价值观，而对低强度的保护性价值观没有影响？从个体自我概念的构成来看，一个人在一生中会形成多种价值观，但并非所有的价值观都会进入个体的自我概念，成为个体自我概念的成分。只有那些对个体最为重要、关键的价值观念才可能成为构成个体自我概念的成分，这部分价值观被称为核心价值观（Rokeach，1973；Verplanken & Holland，2002；黄雪娜，2010）。从保护性价值观的特性来看，高强度的保护性价值观正是对个体来说最重要、最核心的价值观，因此才最有可能构成个体的自我概念。因此，在本实验中，通过激活自我概念能够激活高强度的保护性价值观，而对低强度的保护性价值观则不会产生影响。

第四节　实验 3

一　实验目的

实验 2 的研究发现，对于高保护性价值观的被试，通过激活个体的自我概念，能够间接地激活个体的保护性价值观，进而引发个体做出与保护性价值观相一致的行为决策，而不管理论上或期望的决策价值或效用多大。已有的研究认为，保护性价值观来源于人们的道德规则，因此其具有道德伦理属性（Baron & Spranca，1997）。既然保护性价值观来自于人们的道德伦理规则，那么个体关于道德的概念或规则必然会影响保护性价值观，并间接影响到人们的决策行为。在道德行为选择的研究中已经发现，当情境中存在激活个体的道德同一性的因素时，相应地会激发个体维持道德自我一致性的动机，个体会倾向于更多地做出道德行为（Aquino，Freeman，Reed & Lim，2009）。那么在保护性价值观和行为决策的关系中是否也存在类似效应？实验 3 的目的就在于从保护性价值观的道德属性出发，通过操纵个体的道德同一性激活来激活保护性价值观，来探讨保护性价值观影响行为决策的条件，同时也间接对保护性价值观所具有的道德伦理属性进行进一步的验证。

二　实验假设

对于高保护性价值观的个体，通过激活个体的道德同一性能激活其保护性价值观，进而导致个体在行为决策中更多地做出价值表达行为；而对于低保护性价值观的个体，则不存在这种效应。

三　实验设计

本实验采用 2（保护性价值观：高 vs. 低）×2（道德同一性激活：有 vs. 无）的被试间实验设计。因变量为被试的决策偏好。

四　被试选取

被试为全日制普通高校在校本科生，共计 82 名，其中男生 40 名，女生 42 名。被试通过招募自愿参加实验，实验后获得学分奖励或少量物质报酬。

五　实验程序

被试需要依次完成三个实验任务。这三个任务均属于纸笔操作测验，通过集体施测的方式进行。被试当场填写测验，检查无误后由主试当场回收。

实验任务一　用来对被试道德同一性的激活进行操纵。但为了防止被试发觉实验意图，从而污染实验数据，告知被试的是：这是一个"笔迹分析"任务，目的是通过分析人们的笔迹，来比较人们的性格差异。将被试随机地分配到控制组和道德启动组。在道德启动组，呈现给被试一个 9×5 的方格矩阵。在该矩阵的第一行中呈现九个形容词，分别是：关爱的、公正的、助人的、诚实的、善良的、有责任心的、正义的、文明的、尊重的。（为了找出能够启动中国被试道德同一性的词语，研究者进行了预调查，见附录7。首先让被试通过自由联想法确定"一个有道德的人应该具有哪些特征"；然后，研究者对被试联想出的道德特征词进行整理，并在更大范围内让被试对这些特征词是否能够代表"有道德的人"进行评定，采用从"绝对不必要"到"绝对必要"的5点计分方式；最后，对146名被试的问卷调查表明，这九个词语能够代表中国被试对"有道德的人"所具有的特征的认知，其均分在4.02—4.85之间）。要求被试用正常的书写习惯将这些词语写在该矩阵的其他空格中。书写完毕后，要求被试思考一下这些词语，并用这些词语编写一个小故事，每个词语至少用到一次。在控制组，矩阵中的词语变成了被试日常生活中用到的一些物品，包括：书本、椅子、水杯、钢笔、电脑、记事本、眼镜、文曲星、涂改液。除此之外，其他程序与启动组相同。已有的研究表明，"笔迹分析"任务能够成功地激活个体的道德同一性（Aquino et al.，2007；Reed et al.，2007）。

被试完成实验任务一后接着进行实验任务二。

实验任务二　是一个关于**"考试作弊"**的模拟情境任务，该任务实质上也是一个道德两难任务。实验材料如下：

假如你和 A 是大学期间的好朋友。在某次选课前，为了避免上课时独自一人过于孤单，你希望 A 和你一起选修你最喜欢的微观经济学课程。A 自知自己的数学基础较差，担心课程考试不能通过，因此一直十分犹豫，但在你的软磨硬泡之下，他终于答应了。但 A 希望在考试时，你能将答案与他分享。否则，你将失去这个朋友。你也爽快地答应了。课程考试终于来了，不出所料，A 果然在考试过程中向你求助，希望你能助其作弊。在这种情况下，你是否选择帮助其作弊？

  A：帮助其作弊   B：不帮助其作弊

被试选择完毕后，呈现实验任务三。

实验任务三 用来测量被试的"诚信"保护性价值观。研究一已经证实该价值观也是当代大学生群体中普遍存在的保护性价值观。采用 Tanner 等人提出的保护性价值观测量工具，包含五个指标，使用从"非常不同意"到"非常同意"的 7 点计分方式。为了区分被试在该价值观上的保护性强度的高低，首先计算每个被试在这五个指标上的得分的均值，作为被试在该价值观上的保护性强度得分，然后按照该得分均值的高低，将所有被试区分为高低两组。

因变量测量：因变量为被试的决策偏好，采用 9 点量表测量，得分越低被试越倾向于帮助其作弊，得分越高被试越倾向于不帮助其作弊。

六 数据处理

将获得的数据输入 SPSS13.0 软件包进行统计分析。

七 结果与分析

（一）对决策偏好分数的正态分布检验

在对数据进行方差分析之前，首先对本实验中的因变量决策偏好得分进行正态分布检验，结果见表 5-7。

表 5-7   决策偏好分数的正态分布检验结果

正态指标	偏度	偏度标准误	峰度	峰度标准误
数值	0.266	0.724	-0.305	0.526

从表 5-7 中的偏度值和峰度值看出，均小于 1，并且偏度值与偏度标准误的比值的绝对值和峰度值与峰度标准误的比值的绝对值均小于

1.96，表明决策偏好分数的分布与正态分布无显著性差异。可以对决策偏好分数进一步进行方差分析。

（二）保护性价值观和道德激活的方差分析

对保护性价值观（高、低）和道德激活（有、无）进行方差分析，结果如下。

1. 方差齐性检验

以决策偏好分数为因变量进行方差齐性检验，$F_{(3, 78)}$ = 0.803，$p = 0.50$，方差齐性，满足方差分析的前提条件。

2. 保护性价值观和道德激活的多因素方差分析结果

以决策偏好分数为因变量，对保护性价值观和道德激活进行多因素方差分析，结果见表5-8。

表5-8　　　　保护性价值观和道德激活的多因素方差分析结果

	平方和	自由度	均方	F	p
保护性价值观	8.367	1	8.367	2.276	0.135
道德激活	28.825	1	28.825	7.842	0.006 **
保护性价值观×自我激活	41.752	1	41.752	11.358	0.001 **

从上表可以看出，保护性价值观的主效应不显著，$F_{(1, 78)}$ = 2.276，$p = 0.135$，高低保护性价值观的被试其决策偏好不存在显著的差异；道德激活的主效应非常显著，$F_{(1, 78)}$ = 7.842，$p < 0.01$，道德激活组的被试更倾向于不帮助其作弊；保护性价值观和道德激活的交互作用也非常显著，$F_{(1, 78)}$ = 11.358，$p < 0.01$，见图5-2。

3. 交互作用的简单效应检验

由于保护性价值观和道德激活的交互效应显著，因此对二者交互效应的简单效应进一步检验，结果见表5-9。

在低保护性价值观条件下，对有无道德激活的操纵效果进行检验发现，$F_{(1, 40)}$ = 0.190，$p = 0.665$，表明在有道德激活和无道德激活的条件下，个体的决策偏好并不存在显著差异。

而在高保护性价值观条件下，对有无道德激活的操纵效果进行检验发现，$F_{(1, 38)}$ = 16.452，$p < 0.001$，表明在有道德激活和无道德激活的条件下，个体的决策偏好存在非常显著的差异，在道德激活的情

况下，被试更倾向于不帮助其作弊。

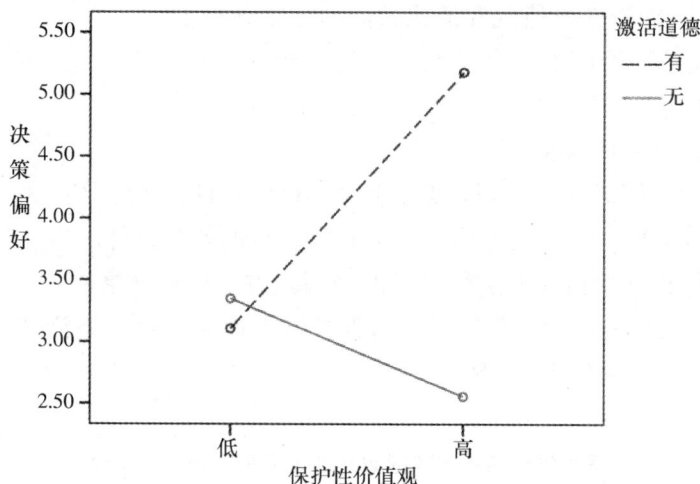

图5-2　保护性价值观与道德激活交互作用图

表5-9　　　保护性价值观和道德激活交互效应的简单效应检验

	平方和	自由度	均方	*F*	*p*
低保护性价值观	0.105	1	0.105	0.020	0.887
高保护性价值观	50.449	1	50.449	11.649	0.001**

八　讨论

本实验的目的检验除了激活个体的自我概念之外，是否还有其他的操作也能激活个体的保护性价值观，进而影响个体的行为决策？本实验从保护性价值观的道德属性出发，从另一个侧面对保护性价值观和行为决策的关系进行了检验，即通过激活个体的道德观念（道德自我），同样能够激活个体的保护性价值观，进而影响个体的决策行为。实验结果表明，激活个体的道德观念，只能激活高强度的保护性价值观，进而影响到个体的道德决策行为，而对低强度的保护性价值观没有影响。该实验不仅再一次证明了保护性价值观具有道德伦理属性，而且实验结果表明激活道德与保护性价值观强度一起对行为决策产生着交互影响。只有当个体的保护性价值观强度较高时，激活个体的道德观念（道德自我）才能促使个体做出与保护性价值观相一致的行为，而当个体的保护性价值观强度较低时，个体的道德自我是否激活，对个体的行为决策没有显著影响。究其原因，很可能高强度的保护性价值观不仅是构成个体自我概念的主要成分，而且在个体的道德自我中，由于其具有道德伦理属性，因此其也是构成个体道德自我概念的主要成分。因此，通过激活个体的道德观念，同样能激活个体道德自我中的保护性价值观，进而影响个体做出与保护性价值观相一致的道德行为。另外，该实验也进一步验证了道德激活范式的有效性，即通过道德词语的激活的确能够有效地激活个体的道德同一性，进而激活个体的保护性价值观。

第五节 研究二的讨论和小结

一 研究二的讨论

（一）保护性价值观强度的个体差异对行为决策有直接影响

实验 1 的研究结果证明了保护性价值观强度的个体差异是影响个体行为决策的直接因素。在此实验中，选取了研究一中证实的环境保护价值观作为研究对象，采用 WTP 范式设计实验。实验结果表明，无论是从个体的购买行为选择来看，还是从个体愿意额外花费的金钱数量来分析，高保护性价值观的被试更愿意花费更多数量的金钱，以购买环保产品，从而维护自己的价值选择。该实验结果直接证明了价值观保护性强度的高低是影响被试决策行为的必要条件。另外，从保护性价值观的内容和来源来看，保护性价值观普遍具有道德属性，因此在个体的行为选择中可能存在着比较严重的社会赞许性倾向，从而导致研究结果失真。为了避免价值观和道德研究中普遍存在的社会赞许性谬误，在实验 1 中尝试运用统计控制的方法对个体的社会赞许性偏见所造成的数据误差进行分离，分离后的数据结果分析也进一步确认了实验 1 的研究假设，即保护性价值观强度的个体差异的确会对个体的决策行为产生直接影响。

（二）保护性价值观强度和激活对行为决策的交互影响

除了个体价值观保护性强度的差异之外，是否还有其他的因素也会影响个体的决策行为？通过对已有研究的分析发现，价值观激活可能也是一个重要的影响变量。为了验证此假设，设计了两个实验：实验 2 和实验 3。实验 2 是从保护性价值观的价值观属性出发，通过激活个体的自我概念来间接激活保护性价值观，探讨保护性价值观影响行为决策的条件。实验 2 以生命健康保护性价值观为研究对象，采用自我聚焦实验范式来激活个体的自我概念。研究结果表明，通过激活个体的自我概念，能够激活个体的保护性价值观，个体会更倾向于做出与保护性价值观相一致的行为，而忽略行为后果的期望价值或效用。在实验 2 中还发现了保护性价值观强度和自我激活的交互作用，并且对交互作用的检验发现，只有当个体的保护性价值观强度较高时，激活自我才能影响个体的行为决策，而个体的保护性价值观强度较低时，是否激活自我对个体的行为决策并不会产生影响。因此，与激活效应相比，保护性价值观的强度在个体的行为决策中可能发挥着更为关键的作用。实验 3 则从保护性价值观的道德属性出发，通过激活个体的道德自我来间接激活保护性价值观，探讨保护性价值观影响行为决策的条件。为了进一步提高实验的外部效度，实验 3 采用了与实验 2 不同的诚信保护性价值观为研究对象，采用道德激活实验范式，来激活个体的道德自我。在实验 3 中也发现了保护性价值观和道德激活之间的交互作用，只有当个体拥有较高强度保护性价值观时，激活道德才能影响个体的决策行为，而对于低强度保护性价值观的被试，是否激活道德自我对其行为决策并不产生影响。实验 2 和 3 的结果不仅证实了激活范式的有效性，而且确认了保护性价值观影响行为决策的两个条件：高保护性价值观和激活。另外，为了尽可能避免社会赞许性偏见对研究结果的影响，在实验 2 和 3 中采用了"道德两难"材料作为决策任务，该实验任务的使用能够有效提高研究的内部效度。综合实验 2 和 3 的结果，可以进一步推论，高强度的保护性价值观不仅是构成个体自我概念的主要成分，而且也是构成个体道德自我的主要成分。究其原因，可能是因为保护性价值观所具有的价值观和道德的双重属性。

二　小结

研究二采用三个实验系统探讨了保护性价值观影响行为决策的条件。三个实验的研究结果系统证明了保护性价值观强度高低和是否激活是影响个体行为决策的两个必要条件。

第六章　研究三：保护性价值观影响行为决策的心理机制

第一节　研究目的与假设

一　研究目的

研究二证实了保护性价值观影响行为决策的两个必要条件：高保护性价值观和激活。那么人们在进行决策的过程中，保护性价值观是如何发挥作用的？其内在心理机制如何？自我价值定向理论认为，虽然人的行为的具体动机是十分复杂的，但一切动机都与一个根本的价值核心即自我价值相关联（金盛华，2010）。如果人在行为过程中违背了自己所持的核心价值观，那么会产生自我价值保护这种防御性动机，来促进被试的选择行为与其核心价值观一致（黄雪娜，2010）。保护性价值观作为一种特殊的价值观类型，其作用原理是否也是如此？另外，在价值观和行为一致性关系中发现了众多的中间变量（Bruns，2004；Kristiansen & Hotte，1996；Bardi & Schwartz，2003），这就启示我们在价值观和行为之间并非存在简单的"一致"和"不一致"的区分，而是"在什么条件下二者一致"。对于保护性价值观和行为的关系来说，二者之间是否存在更有解释力的中间变量，需要进一步探讨。在价值观和行为一致性的研究中发现，态度是价值观和行为之间的一个重要的中介变量（Kristiansen & Hotte，1996；Maio & Olson，2000）。对于保护性价值观和道德决策行为的关系来说，由于价值观的抽象性，因此保护性价值观可能并不能直接预测道德决策行为。而对道德坚守的研究则发现，道德坚守是一种情境化的、对道德观念的认知，其同时具有动机引发的功能（Mackie，1977；Smith，1994），它不仅能够引发个体的反应或行为，而且能够为个体的决策或行为提供内在理由（Skitka，Bauman &

Sargis，2005）。由于保护性价值观的道德属性，因此，与一般的态度相比，道德坚守可能是保护性价值观和道德行为之间的一个重要的中介变量。在本研究中将对此假设进行验证。

二　研究假设

H1：自我价值保护动机是保护性价值观影响行为决策的直接心理原因。

H2：道德坚守在保护性价值观和行为决策的一致性关系中发挥中介作用。

第二节　实验 4

一　实验目的

本实验的目的在于验证自我价值保护动机是影响被试做出价值表达行为的心理原因。通过操纵被试的自我完成（self-completion）需要，引发个体不同的自我价值保护动机，进而探讨自我价值保护动机在保护性价值观和行为决策一致性关系中的作用。

二　实验假设

对于高保护性价值观的被试，当其做出违反保护性价值观的行为时，会引发个体的自我价值保护动机，进而在后续的行为决策中进行补偿，从而做出更多与保护性价值观一致的行为；而对于低保护性价值观的被试则不存在这种效应。

三　实验设计

本实验采用 2（保护性价值观：高 vs. 低）×2（自我完成需要：有 vs. 无）的被试间实验设计。因变量为被试的情绪和行为意愿。

四　被试选取

被试为全日制普通高校在校本科生，共计 82 名，其中男生 40 名，女生 42 名。被试通过招募自愿参加实验，实验后获得学分奖励或少量物质报酬。

五 实验程序

被试需要依次完成三个实验任务。这三个任务均属于纸笔操作测验，通过集体施测的方式进行。被试当场填写测验，检查无误后由主试当场回收。

实验任务一 用来操纵被试的自我完成需要，分为控制组和操纵组。在操纵组，向被试呈现如下情境：

临近期末，学校正在进行期末考试。作为毕业班的学生，你同时也在紧锣密鼓地找工作。有一家你非常中意的公司对你表示出了浓厚的兴趣，并要求你务必参加明天上午举行的最后一次面试。但该时间与你的课程考试相冲突，而且该课程缺考会导致你不能按时毕业。因此，你只能选择请假争取缓考的机会。学校规定，每名学生每个学期请假的次数不得超过 3 次，其中事假只能请 1 次。目前，你已经请过 1 次事假。在这种情况下，你如何选择？（在这种情况下，被试只能违背诚信的要求，选择请病假）。

在控制组，向被试呈现类似的情境，不同之处在于：目前，你只请过 1 次病假。那么在这种情况下，你如何选择？（在这种情况下，被试既可以选择请事假，也可以选择请病假）。将被试随机分配到这两个组。

实验任务二 是一个关于"求职"的情境模拟任务，实验情境如下：

假如你和 A 是大学毕业班同学，并且最近一直在努力找工作，但都没有成功。A 认为，如果他有一份令人印象深刻的简历，受聘的机会将会大大增多。为了达到这个目的，他决定把一些虚假信息填进自己的简历里面，并请求你撒谎说简历上的一切都是真的，你也答应了。现在有一家公司向你们两个都发出了邀请，但需要通过你对 A 的简历的真实状况进行调查。如果你帮 A 做虚假证明，公司就不会发现简历造假，那么你们两个都很可能被该公司录用；但如果你不帮 A 做虚假证明，公司就会发现简历造假，那么你和 A 都很可能被该公司拒绝。现在，公司要派人来学校调查，你会怎么做？

被试选择完毕后，呈现实验任务三。

实验任务三　用来测量被试的诚信保护性价值观。研究一已经证实该价值观是当代大学生群体中普遍存在的保护性价值观。采用 Tanner 等人提出的保护性价值观测量工具，包含五个指标，使用从"非常不同意"到"非常同意"的 7 点计分方式。为了区分被试在该价值观上的保护性强度的高低，首先计算每个被试在这五个指标上的得分的均值，作为被试在该价值观上的保护性强度得分，然后按照该得分均值的高低，将所有被试区分为高低两组。

因变量测量：包括两个。第一个是被试在请假时的心理感受，采用从"非常不愿意"到"非常愿意"的 7 点计分。第二是被试的帮助意愿。采用 9 点计分，得分越高被试越不愿意帮助 A 做虚假证明。

六　数据处理

将获得的数据输入 SPSS13.0 软件包进行统计分析。

七　结果与分析

（一）对请假感受和帮助意愿分数的正态分布检验

在对数据进行方差分析之前，首先对本实验中的因变量进行正态分布检验，结果见表 6 - 1。

表 6 - 1　　　　请假感受和帮助意愿分数的正态分布检验结果

正态指标	偏度	偏度标准误	峰度	峰度标准误
请假感受	0.001	0.251	− 0.640	0.498
帮助意愿	0.241	0.251	− 0.340	0.498

从表 6 - 1 中的偏度值和峰度值看出，均小于 1，并且偏度值与偏度标准误的比值的绝对值和峰度值与峰度标准误的比值的绝对值均小于 1.96，表明请假感受和帮助意愿分数的分布与正态分布无显著性差异。可以对请假感受和帮助意愿分数进一步进行方差分析。

（二）以请假感受为因变量，保护性价值观和自我价值保护的方差分析

1. 方差齐性检验

以请假感受分数为因变量进行方差齐性检验，$F(3, 88) = 1.653$，$p = 0.183$，方差齐性，满足方差分析的前提条件。

2. 保护性价值观和自我价值保护的多因素方差分析结果

以请假感受分数为因变量，对保护性价值观和自我价值保护进行多因素方差分析，结果见表6-2。

表6-2　　保护性价值观和自我价值保护的多因素方差分析结果

	平方和	自由度	均方	F	p
保护性价值观	5.822	1	5.822	2.913	0.091
自我价值保护	29.288	1	29.288	14.655	0.000***
保护性价值观 × 自我价值保护	9.183	1	9.183	4.595	0.035*

从上表可以看出，自我价值保护的主效应非常显著，$F(1, 88) = 14.655$，$p < 0.001$，表明实验操纵被试的自我价值保护动机成功。进一步进行事后比较发现，操纵组和控制组被试的请假感受得分均值分别为3.42和4.53，$t(1, 90) = 3.649$，$p < 0.001$，表明操纵组比控制组被试在请假时的心理感受更差。保护性价值观的主效应不显著，$F(1, 88) = 2.913$，$p = 0.091$；保护性价值观和自我价值保护的交互作用也显著，$F(1, 88) = 4.595$，$p < 0.05$，见图6-1。

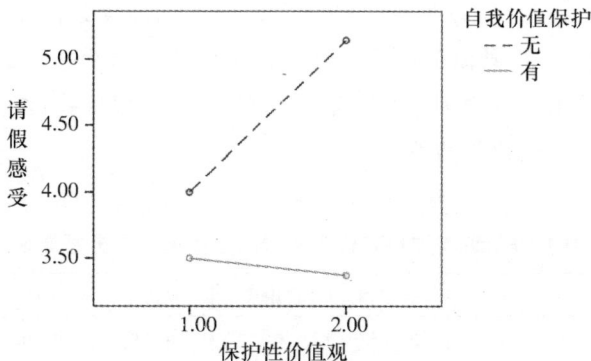

图6-1　保护性价值观和自我价值保护的交互作用图

3. 交互作用的简单效应检验

由于保护性价值观和自我价值保护的交互效应显著，因此对二者交互效应的简单效应进一步检验，结果见表6-3。

在低保护性价值观条件下，对自我价值保护的操纵效果进行检验发现，$F(1, 46) = 1.232$，$p = 0.273$，表明在有无自我价值保护动机情况下，个体请假时的感受并不存在显著差异。

而在高保护性价值观条件下，对自我价值保护的操纵效果进行检验发现，$F(1, 42) = 20.601$，$p < 0.001$，表明在有无自我价值保护动机情况下，个体请假时的感受存在非常显著的差异，当被试做出违反其保护性价值观的选择时，其心理感受更差。

表6-3　保护性价值观和自我价值保护交互效应的简单效应检验

	平方和	自由度	均方	F	p
操纵组	37.111	1	37.111	20.601	0.000 * * *
控制组	2.727	1	2.727	1.232	0.273

（三）以帮助意愿为因变量，保护性价值观和自我价值保护的方差分析

1. 方差齐性检验

以帮助意愿分数为因变量进行方差齐性检验，$F(3, 88) = 2.607$，$p = 0.057$，方差齐性，满足方差分析的前提条件。

2. 保护性价值观和自我价值保护的多因素方差分析结果

以帮助意愿分数为因变量，对保护性价值观和自我价值保护进行多因素方差分析，结果见表6-4。

表6-4　保护性价值观和自我价值保护的多因素方差分析结果

	平方和	自由度	均方	F	p
保护性价值观	26.332	1	26.332	9.462	0.003 * *
自我价值保护	18.816	1	18.816	6.761	0.011 *
保护性价值观×自我价值保护	22.957	1	22.957	8.249	0.005 * *

从上表可以看出，自我价值保护的主效应非常显著，$F_{(1, 88)}$ = 6.761，$p < 0.05$，操纵组的被试更不愿意帮助 A 做虚假证明；保护性价值观的主效应非常显著，$F_{(1, 88)}$ = 9.462，$p < 0.01$，高诚信保护性价值观的被试更不愿意帮助 A 做虚假证明；保护性价值观和自我价值保护的交互作用也非常显著，$F_{(1, 88)}$ = 8.249，$p < 0.01$，见图6 - 2。

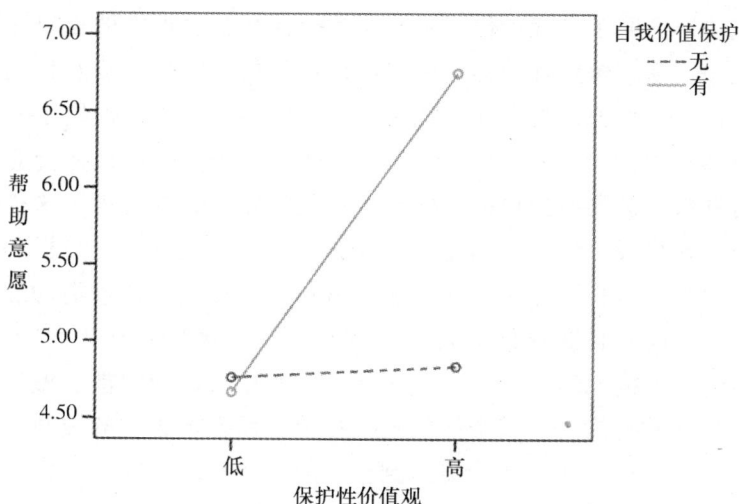

图6 - 2　保护性价值观和自我价值保护的交互作用图

3. 交互作用的简单效应检验

由于保护性价值观和自我价值保护的交互效应显著，因此对二者交互效应的简单效应进一步检验，结果见表6 - 5。

当个体的保护性价值观强度较低时，对自我价值保护的效应进行检验发现，$F_{(1, 46)}$ = 0.040，$p = 0.841$，个体的帮助意愿并不存在显著差异。

当个体的保护性价值观强度较高时，对自我价值保护的效应进行检验发现，$F_{(1, 42)}$ = 13.675，$p < 0.001$，个体的帮助意愿存在显著差异，当被试做出了违反保护性价值观的行为后，其在下一次的选择中更倾向于不违反保护性价值观，因此更多地选择不帮助 A 做虚假证明。

表 6 – 5　　　保护性价值观和自我价值保护交互效应的简单效应检验

	平方和	自由度	均方	F	p
操纵组	40.076	1	40.076	13.675	0.001 * *
控制组	0.107	1	0.107	0.040	0.841

八　讨论

　　本实验的目的在于解释保护性价值观影响行为决策的心理机制。本实验成功地证明了自我价值保护动机在个体行为决策中的重要作用。在本实验中发现，保护性价值观和自我价值保护之间存在交互作用，并且对于高保护性价值观的个体，当在前一次的行为中被迫做出了违背其保护性价值观的行为时，那么在后续的行为决策中，个体往往会对该价值观进行补偿，进而做出更多与保护性价值观相一致的行为。这种行为动机的作用在自我价值定向理论中被认为是一种自我价值保护机制。所谓自我价值保护是指"个体为了保持自我价值的确立，心理活动的各个方面都有一种防止自我价值遭到否定的自我支持优势心理倾向"。（金盛华，2010）根据该理论，当被试在前一次的行为选择中被迫做出违反保护性价值观的行为后，其个体的自我价值就面临被否定的威胁。而个体先定地存在一种防止自我价值遭到否定的优势心理倾向，因此其在后续的行为中会竭力对面临否定威胁的自我价值进行保护。由于高保护性价值观的个体，其价值观更多地处于个体自我概念的核心，是构成个体自我概念的重要组成部分。因此，只有高保护性价值观的个体在面临价值威胁时才启动自我价值保护机制，并在后续的行为中对其进行补偿，而低保护性价值观的个体则不存在这种效应。归根结底，个体的这种选择行为是为了重新确立个体的自我同一性。

第三节　实验 5

一　实验目的

　　在前面的系列实验中，系统探讨了保护性价值观强度、激活在行为决策中的作用，证明了自我价值保护动机是影响个体行为选择的重要心理机制。在前面的实验中均采用的是模拟情境任务的方式，测量的也是被试的行为倾向，而非实际的行为选择，在真实的任务情境中个体是否仍然这样选择，需要进一步检验。另外，本实验还重点对道德坚守是否是保护性价值观和道德行为之间的一个重要的中介变量进行检验。

二 实验假设

态度、道德坚守在保护性价值观和行为决策之间均起着中介作用，但道德坚守是比态度更为重要的中介变量。

三 被试选取

被试为全日制普通高校在校本科生，共计 82 名，其中男生 40 名，女生 42 名。被试通过招募自愿参加实验，实验后获得学分奖励或少量物质报酬。

四 实验程序

被试需要依次完成四个实验任务。

实验任务一 是一个关于"环保志愿者招募"的现场实验，该任务是一个真实的任务情境。

目前，北京市正在开展"首都环保志愿者"招募活动，该活动旨在提高全民的环境意识，共同维护首都的生态环境。为了响应该活动，学校决定面向学生招募"首都环保志愿者"，主要工作包括环境宣传、环境科普、环境监督等。所有的活动均利用假期义务开展。你是否愿意报名参加该活动？

该活动通过课堂进行招募，愿意参加的同学填写报名登记表，填写完毕后依次执行下面的任务。没有报名的同学直接执行下面的任务。

实验任务二 用来测量被试关于"参与环保活动"的道德坚守。采用 Skitka，Bauman 和 Sargis（2005）在研究中使用的测量方法，要求被试通过 7 点量表回答"在多大程度上，该活动与个体的核心道德信念或道德坚守有关"。

实验任务三 用来测量被试对该活动的态度，通过 7 点量表分别测量态度的极端性、重要性和向中度。

实验任务四 用来测量被试的环境保护价值观。采用 Tanner 等人提出的保护性价值观测量工具，包含五个指标，使用从"非常不同意"到"非常同意"的 7 点计分方式。计算每个被试在这五个指标上的得分的均值，作为被试在该价值观上的保护性强度得分。

五 数据处理

将获得的数据输入 SPSS13.0 软件包进行统计分析。

六 结果与分析

（一）保护性价值观、态度、道德坚守和环保行为的相关分析

用保护性价值观、态度的三个维度、道德坚守得分和环保行为选择进行相关分析，结果见表 6 - 6。

表 6 - 6　　保护性价值观、态度、道德坚守和环保行为的相关分析

变量	M	SD	1	2	3	4	5	6	7	8
1. 性别	1.65	0.48	–							
2. 年龄	18.72	1.24	-0.11	–						
3. 保护性价值观	4.89	0.75	-0.09	-0.00	–					
4. 道德坚守	5.00	1.28	0.02	0.10	0.77**	–				
5. 态度的极端性	6.09	1.15	0.18	-0.19	0.22	0.19	–			
6. 态度的重要性	6.03	1.16	0.06	-0.17	0.30**	0.28**	0.76**			
7. 态度的向中度	5.29	1.43	-0.06	-0.32**	0.18	0.06	0.55**	0.46**	–	
8. 环保行为	0.60	0.49	0.01	-0.02	0.67**	0.62**	0.03	0.07	0.07	–

从表 6 - 6 可以看出，性别、年龄等人口统计学变量与保护性价值观、道德坚守、态度及环保行为之间总体上不存在显著的相关关系。保护性价值观与道德坚守、态度的重要性和环保行为之间存在显著的正相关关系。道德坚守与态度的重要性和环保行为之间存在显著的正相关关系。

（二）环保行为对保护性价值观和道德坚守的回归分析

以环保行为作为因变量，以保护性价值观和道德坚守作为预测变量，进行 logistic 逐步回归分析，结果见表 6 - 7。

表6-7 保护性价值观、道德坚守和态度对环保行为的 logistic 回归分析

模型	变化显著性检验			
	R^2	$\triangle R^2$	$\triangle F$	p
1	0.68	0.04	5.04	0.02*

从上表可以看出，保护性价值观和道德坚守共可以解释环保行为68%的变异。在加入道德坚守变量后，其对环保行为变异的解释率提高了4%，并且差异显著，这说明道德坚守在保护性价值观和环保行为的关系中是一个非常重要的影响变量。

（三）道德坚守、态度重要性在保护性价值观和环保行为关系中的中介效应检验

为了进一步检验道德坚守是否在保护性价值观和环保行为关系中发挥中介作用，进行逐步回归分析，以保护性价值观为自变量，环保行为为因变量，道德坚守为中介变量，采用温忠麟等（温忠麟、侯杰泰、张雷、刘红云，2004）提出的中介效应检验程序，首先确定变量之间的回归方程，然后对相应系数 a、b、c 和 c' 进行检验，最后确定是否存在中介效应。保护性价值观和道德坚守对环保行为的回归效应显著，可以进一步进行中介效应检验。

第一步，检验保护性价值观对环保行为的回归效应，回归系数 c 为 4.55，$p < 0.001$，回归系数非常显著。

第二步，检验保护性价值观对道德坚守的回归效应和道德坚守对环保行为的回归效应。保护性价值观对道德坚守的回归系数 a 为 0.51，$p < 0.001$，回归系数非常显著；道德坚守对环保行为的回归系数 b 为 1.32，$p < 0.001$，回归系数也非常显著；这说明保护性价值观对环保行为的影响至少有一部分是通过道德坚守来实现的。

第三步，检验保护性价值观和道德坚守共同对环保行为的回归效应，保护性价值观对环保行为的偏回归系数 c' 为 7.85，$p < 0.001$，回归系数非常显著。因此，道德坚守在保护性价值观和环保行为的关系中发挥的不是完全中介作用，而是部分中介作用，见图6-3。

按照上面的步骤，继续检验态度重要性在保护性价值观和环保行为之间的中介效应，结果发现，态度重要性对环保行为的回归效应不显

著，b = 0.13，p > 0.05，进一步进行 Sobel 检验，结果表明态度重要性的中介效应不显著。

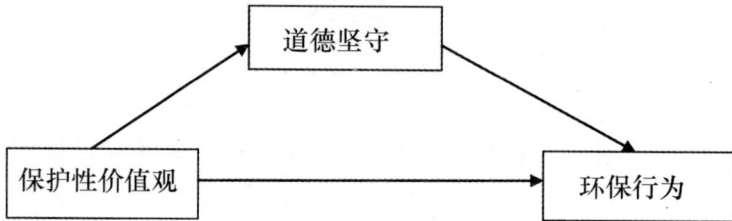

图 6 - 3　道德坚守的中介效应图

七　讨论

本实验的目的在于确定保护性价值观和行为选择之间的中间变量。与前面的实验不同，为了进一步提高实验的外部效度，在本实验中设置了真实的任务情境。回归分析表明，保护性价值观和道德坚守均对真实的行为选择起着独特的预测作用，并且保护性价值观比道德坚守对行为决策的预测效力更强。保护性价值观能够解释环保行为的 64% 的方差变异，不仅再一次证明了保护性价值观对道德行为选择的重要影响，而且表明保护性价值观是影响行为选择的最主要因素。进一步的中介效应检验发现，道德坚守在保护性价值观和真实行为选择关系中发挥着部分中介作用。这表明除了保护性价值观对环保行为的直接影响之外，保护性价值观还通过道德坚守对环保行为产生间接影响。究其原因在于，与抽象的保护性价值观相比，道德坚守是一个更为具体的心理变量，它与具体的行为情境联系更为紧密。而且保护性价值观所具有的道德属性，正好可以通过道德坚守进行表达，因此道德坚守在保护性价值观和行为选择过程中发挥中介作用也就不难理解了。在本研究中并没有发现态度对环保行为的影响作用，可能是因为态度与价值观和道德坚守相比，更加不稳定，在面对复杂的行为情境时容易受到各种外在条件的影响，因此难以有效预测道德行为。

第四节 研究三的讨论与小结

一 研究三的讨论

（一）自我价值保护动机是保护性价值观影响行为决策的内在心理原因

保护性价值观影响行为决策的内在心理机制是什么，这是实验 4 要解决的问题。实验 4 的研究发现，当高保护性价值观的个体做出了违背自身价值观的行为后，在心理上会产生压力，这种压力首先表现在情绪上，其行为的心理感受更差。在后续的行为决策中，个体会更愿意对之前的行为进行补偿，从而做出更多与保护性价值观相一致的行为。自我价值定向理论认为，个体先定地具有一种防止自我价值遭到否定的自我支持优势心理倾向。由于高保护性价值观的个体，其价值观在个体的自我中更多地处于核心位置，于是在做出了违背保护性价值观的行为后，其自我概念就会受到威胁。个体为了保持自我概念的一致，就会引发个体重新确立自我同一性的动机，促使个体在后续行为中更多地做出与价值观一致的行为，这就是个体的自我价值保护机制。SVPM 理论还进一步预测，决策者并不需要做出违反规范的行为，仅仅决策者在头脑中闪现出违反规范的念头，他们就会做出道德净化的行为来补偿（Gilbert，1991）。归根结底，个体的这种价值观补偿行为是为了重新确立个体自我概念的完整性，满足保持个体的自我同一性的需要。

（二）道德坚守是保护性价值观影响行为选择的重要的中介变量

在揭示了保护性价值观影响行为决策的心理机制后，还需要具体探讨二者的作用过程，这是实验 5 要解决的问题。实验 5 的研究发现，保护性价值观不仅能够直接对行为选择产生影响，而且还通过道德坚守这个中介变量，对行为选择产生间接影响，并且保护性价值观的解释效应要远远大于道德坚守的解释效应。在以往的研究中已经发现，在价值观和行为之间存在众多的中介变量，如生活方式（Bruns，2004）、态度（Kristiansen & Hotte，1996）等。在实验 5 中也检验了态度重要性的中介作用，但结果表明该变量在保护性价值观和行为的关系中并没有发挥中介作用，这一点与以往的研究结果不一致。原因可能在于保护性价值观不同于一般的价值观，它与个体的道德伦理观念紧密相连，并且更多地处于个体价值体系的核心，因此与一般的价值观相比它更加稳定。而态度作为一种倾向性的心理准备状态，其更多地来自一般价值观的指导，易受具体行为情境的影响，缺乏稳定性。因此在预测行为选择时，其预测力并不能令人满意。道德坚守作为一种强烈的、纯粹的有关一件事情对或错、道德或不道德的信念，与人们的道德伦理观念紧密相连，同时它又是对核心道德价值观更为具体的、情境化的表达，因此道德坚守在保护性价值观和真实的道德行为选择中能够发挥部分中介作用。

二　小结

本研究成功地证实了自我价值保护动机是保护性价值观影响行为决策的内在心理原因。当个体违反保护性价值观时，其自我概念也会受到威胁，进而引发个体的自我价值保护动机，促使个体在行为决策时对保护性价值观进行补偿，重新确立自我价值，满足个体维持自我同一性的需要。在具体的作用过程中，保护性价值观不仅直接影响行为决策，而且还通过道德坚守间接影响行为决策过程，道德坚守在保护性价值观和行为选择中发挥着部分中介的作用。

第七章 综合讨论

第一节 关于当代中国大学生的保护性价值观

一 当代中国大学生的保护性价值观类型

在研究一中，质性分析和量化研究的结果证明了我国当代大学生的保护性价值观类型主要包括身体保护、品德修养、环境保护、人际交往和公共利益五种类型。在我国已有的关于保护性价值观结构及分类的研究中，何贵兵等人（何贵兵、管文颖，2005）的研究发现，中国文化背景下的保护性价值观分为两类：与自然和人文环境有关的"自然环境和传统文化价值的保护性价值观"以及与人相关的"人伦人权和人际情感的保护性价值观"。这两类价值观与本研究中发现的"环境保护"和"人际交往"价值观类似。另外，在辛志勇的研究中发现了与本研究类似的环境保护、爱国爱家、性保护、人际交往、人的自然本性等价值观类型；王佳欣（2009）的研究发现了公共伦理、环境保护、自身需求和身体保护等保护性价值观类型；这些研究结果也与本研究的结果高度吻合。这进一步证明了本研究结果的可靠性。

我国学者潘维（2007）认为，"基本的社会关系"是社会构成的骨架，对应这些基本社会关系的是非判断就是"核心价值观"。多个核心价值观之间构成分层的核心价值观体系。依据此思想，本研究中确定的五种保护性价值观实际上也反映了以下几层社会关系。第一层：个人与自身的关系。在本研究中表现为身体保护价值观类型，是个体对自身特征诸如生命、健康、隐私等人的自然属性和特征的保护性观念。第二层：个人与他人的关系。在本研究中表现为品德修养和人际交往两种保护性价值观类型，是个体对与他人交往过程中所必须遵循的行为规范和原则，以及在交往过程中产生的情感所持有的保护性观念，如诚信、孝敬长辈等。第三层：个人与自然的关系。在本研究中表现为环境保护价值观类型，是个体关于如何对待自然和生态环境所持有的保护性观念，如节约用水、爱护花草等。第四层：个人与国家社会的关系。在本研究中表现为公共利益价值观类型，是个体作为群体、国家或社会的一员，在参与社会生活过程中所持有的保护性观念，如爱国、公平正义等。

二 当代中国大学生保护性价值观的文化特征和时代特征

首先，价值观都是文化的产物，文化是价值观最主要的影响源。由于受到不同文化的影响，因此不同文化背景中的价值观存在明显差异，保护性价值观也不例外。从国外关于保护性价值观的研究结果来看，主要包括生命伦理、环境保护、个人权益、科技伦理等领域的保护性价值观内容（Baron & Spranca，1997；Ritov & Baron，1999；Lim & Baron，2001）。与国外研究结果相比，本研究发现的当代中国大学生的保护性价值观既有与国外研究结果相同的成分，也有国外研究结果很少涉及的成分。其中，身体保护中的生命健康、环境保护、公共利益中的权益保护等与国外研究结果类似，显示出了保护性价值观跨文化的普遍性的一面，体现的是东西方文化对价值观的相似影响。而品德修养、人际交往等保护性价值观，在国外的研究中很少涉及。说明这些保护性价值观是中国文化背景所特有的，体现的是中国文化的独特影响。以儒家思想为主导的中国文化一贯强调和重视自身道德修养。在中国古代的文化典籍中，有许多名言警句都强调了个人品德修养的重要性，如"正心、修身、齐家、治国、平天下"（《礼记·大学》），"人无礼则不生，事无礼则不成"（《荀子·修身》），"信不足焉，有不信焉"（《老子》），"大人者，言不必信，行不必果，惟义所在"（《孟子·离娄下》），"与朋友交，言而有信"（《论语·学而》），"自强不息、厚德载物"、"先天下之忧而忧，后天下之乐而乐"、"父慈子孝、兄友弟恭"、"天人合一、以和为贵"等中国传统文化的一个重要价值取向，就是重视个人的思想道德。中国文化还特别强调"关系"的重要，"敬老孝亲"、"礼为用，和为贵"、"息事宁人，中庸之道"、"水至清则无鱼，人至察则无徒"、"关系本位"、"社会取向"以及由此衍生出的"面子"文化，均是中国文化对人际关系重视的有力佐证。中国文化对民众的独特影响，通过民众的保护性价值观体现出来，使得保护性价值观显示出文化独特性的一面。在国外的研究中，科技伦理是一个非常重要的保护性价值观领域和内容，如基因工程、基因医疗等，均是应用非常广泛的保护性价值观研究题目。但在本研究中并没有发现该成分的保护性价值，这可能与中国的科技水平相对落后以及中国民众的科学素养相对较低有关。另外，Lim 和 Baron（2000）在马来西亚、新加坡和美国三个国家对保护性价值观进行了跨文化研究，结果也证实了保护性价值观是存在文化差异的。

其次，价值观不是一直不变的，它受到时代背景的影响，随着时代的变化而变化。大量的研究发现，不同时代的人群，其价值观并不完全一样。如许燕（1999）比较分析了 1984 年、1989 年、1992 年、1997年四个时期北京大学生价值观的变化，发现"价值观从政治型转变为实用型，继而又转向为社会型，这说明当代大学生价值观念的演变与整个社会演变趋势基本上同步。这一演变过程的相伴性反映了大学生价值观形成对社会环境的依从性。"文萍等人（2005）则调查了 1987—2004 年我国社会转型背景下，青少年价值观的变化，结果表明，青少年的价值观从 20 世纪 80 年代到 2004 年经历了重要变化，朝一个更强调个人取向的方向发展，而且这种个人取向的价值观正在由雄心壮志、奋斗进取逐渐向追求个人自我的舒适与快乐价值观转变。具体到本研究，保护性价值观也体现出明显的时代特征，表现为"重关系"、"轻品德"的发展趋势。"重关系"的价值取向反映出的是当前时代大环境中"拉关系"、"走后门"等社会大风气对价值观的直接影响。大学已经从独立的象牙塔进入到了社会的中心，大学生不可避免地受到时代环境的影响，其价值观也不可避免地打上了时代的烙印。对关系的重视并不必然地导致错误的价值取向，关键需要对关系的客体进行正确的区分。"轻品德"的价值取向则反映出当代中国大学生个人道德修养弱化的现实，需要引起包括教育部门和教育者在内的全社会的高度关注。

第二节　关于保护性价值观对行为决策的影响

一　保护性价值观影响行为决策的条件

研究二通过三个实验系统地探讨了保护性价值观影响行为决策的条件。通过使用不同的保护性价值观以及不同的行为决策任务，三个实验的研究结果一致确定了保护性价值观影响行为决策的两个必要条件：高保护性价值观和激活。

只有个体持有的保护性价值观强度较高时，个体才会更倾向于做出与价值观相一致的行为。在实验 1 中，不同行为选择个体的保护性价值观强度差异显著，并且保护性价值观与个体的购买意愿显著相关，均表明了保护性价值观强度的个体差异对行为决策的影响。在以往的研究中，保护性价值观普遍被作为一个"全"或"无"的个体变量来测量（Baron & Spranca，1997；Tanner，Medin & Iliev，2008），这种测量方式的理论前提是认为保护性价值观在个体之间只有性质的不同，并没有程度上的差异。但最近的多个研究均发现，尽管某些价值观在特定群体中属于保护性价值观，但在个体身上则表现出保护性强度的差异（Tanner，Medin & Iliev，2008；Hanselmann & Tanner，2008）。与核心价值观强调价值观在整个价值体系中的位置不同，保护性价值观更多地强调不同价值之间的不可交易属性。保护性价值观在个体之间存在强度的差异，更多地反映的是个体将该价值与其他价值进行交易的意愿，这种交易意愿会直接影响人们的行为意愿。正是由于这种价值交易意愿的差异，才导致个体在面对同样的决策任务和情境时，个体的行为意愿也随之表现出差异。

个体除了具有高保护性价值观之外，还必须激活保护性价值观，才能影响决策行为。与所有的知识结构一样，价值观必须被激活才能影响信息加工和行为（Higgins，1996；Kruglanski，1996）。实验 2 和实验 3 分别从保护性价值观的价值观属性和道德属性出发，采用激活范式，通过激活个体的自我和道德同一性，来揭示保护性价值观强度和激活对行为决策的影响作用。实验 2 和 3 的结果均发现了保护性价值观强度和激活之间的交互作用，只有当个体的保护性价值观强度较高时，激活价值观才能促使个体做出与价值观相一致的行为。实验 2 和 3 的结果一致地说明了保护性价值观强度和激活均是保护性价值观影响行为的必要条件。关于行为选择中的价值观激活效应，在已有的研究中也得到了证实（Verplanken & Holland，2002；黄雪娜，2010）。在 Verplanken 和 Holland（2002）的研究中，采用了直接激活价值观和自我的方式，而本研究除了采用激活自我的方式之外，还成功地通过激活个体的道德同一性间接激活了保护性价值观，这是本研究启动范式的一个创新之处。另外，

Baron 等认为，保护性价值观来源于人们的道德伦理规范，与道德观紧密相连（Baron & Spranca，1997）。本研究对道德同一性的成功激活，进一步证明了该论断的合理性。很可能在个体的自我概念中，保护性价值观、道德同一性等均是其中的重要组成部分，通过激活个体的保护性价值观、道德同一性，均能够引发个体维持自我同一性的需要，从而更多地做出价值表达行为。Bandura（2001）的社会认知理论也持有类似的观点，强调个体的自我概念是一个包含着多个同一性侧面的结构，并且在同一时间只有少数几个同一性进入到意识之中，只有当情境中存在激活个体同一性的因素时，才会增加该同一性进入到个体自我概念的机会，从而激发个体维持自我同一性的动机（Carver & Scheier，1998；Markus & Kunda，1986；Minsky，1988；Skitka，2003）。

二　保护性价值观影响行为决策的内在心理机制

维持自我同一性的需要，是保护性价值观影响行为决策的基本心理原因。在更直接的行为动力层面，则表现为"自我价值保护动机"。自我价值定向理论认为，自我价值保护动机是"人为了保持自我价值的确立，其心理活动的各个方面都有一种防止自我价值遭到否定的自我支持优势心理倾向"（金盛华，2005）。实验 4 的研究证明了这一点。当高保护性价值观的个体做出了违背自身价值观的行为后，在后续的行为决策中会对之前的行为进行补偿，从而做出更多与保护性价值观相一致的行为。对于高保护性价值观的个体来说，其价值观可能更多地处于个体自我概念的核心位置，因此在被迫做出违反保护性价值观的行为后，个体的自我概念就会受到威胁，而自我概念所具有的自我同一性维持的功能，会促使个体在后续的行为决策中，向着维持自我同一性的方向决策，从而导致个体更多地做出与保护性价值观相一致的行为。个体行为决策中的自我价值保护机制，最终的目的是为了维持个体的自我同一性，防止个体的自我概念受到威胁。

McClelland（1980；McClelland, Koestner & Weinberger, 1989）曾经区分出两种不同的动机：内隐动机（implicit motive）和自我归因动机（self-attributed motive）。内隐动机指那些个体通常没有意识到的，并且在生命早期阶段就发展起来的性情或需要，如成就需要、归属需要等；自我归因动机指当要求个体行动时才清晰表达出来的态度、动机和价值观等。内隐动机预测自发的行为，而自我归因动机预测特定情境中的特定行为。在实验 4 中，自我价值保护动机的出现，并不需要通过对保护性价值观的激活，而是个体在做出了违反保护性价值观的行为后自发产生的，因此，自我价值保护动机更可能属于内隐动机的一种。

保护性价值观不仅对行为决策产生直接影响，而且还通过道德坚守对行为决策产生间接影响，道德坚守在保护性价值观影响行为决策的过程中起到部分中介的作用。实验 5 探讨了保护性价值观、态度、道德坚守在真实的行为情境中各自的作用。结果发现保护性价值观不仅对真实的行为起着直接的影响，而且还通过道德坚守对行为选择产生间接影响。根据解释水平理论的观点，价值观对行为意图的预测程度依赖于情境被该价值观解释的程度。由于价值观是一个抽象的心理结构，因此它能预测更一般的行为和情境（Feather，1995；Rohan，2000；Liberman，Sagristano & Trope，2002；Liberman & Trope，1998；Nussbaum，Trope & Liberman，2003）。因此，在面对具体的行为情境时，保护性价值观并不总是一个完全准确的预测指标。而道德坚守则不同，道德坚守是一种强烈的、纯粹的有关一件事情对或错，道德或不道德的信念，与人们的道德伦理观念紧密相连，同时它又是对核心道德价值观更为具体的、情境化的表达，因此道德坚守在预测道德决策行为时也能发挥部分作用。因此，道德坚守才能在保护性价值观和真实的道德行为选择中发挥部分中介作用。另外，尽管在已有的研究中曾经发现，态度是价值观和行为之间的一个重要的中介变量，但在本研究中却发现态度并不能在保护性价值观和行为决策之间起到中介作用，原因可能就在于一般的态度不具有道德属性，而道德坚守则是植根于道德的。对道德坚守的研究也发现，那些植根于道德坚守的态度与那些不是植根于道德坚守的态度是截然不同的（Skitka，Bauman & Sargis，2005）。

对保护性价值观的研究，不能不提及社会赞许性偏见。社会赞许性偏见作为态度、价值观研究中的一个重要的干扰变量，控制的方法主要包括程序控制和统计控制两种。本研究综合运用程序控制（"道德两难"任务）和统计控制（协变量控制）的方法，对社会赞许性偏见进行了分离，研究结果仍然证实了保护性价值观的影响效应。此外，金盛华（2009）还从自我价值定向理论的视角，对价值观研究中的赞许性效应进行了理论阐释和澄清，对于本研究也具有重要的借鉴意义。

第三节　道德决策：义务取向 or 结果取向

传统的关于决策的理论和观点认为，人们在进行决策的时候往往采取"结果主义"的视角，即仅根据每种决策行为的后果或结果做出选择，而不考虑其他因素。个体的这种决策取向即为"结果取向"。结果取向的决策方式认为，人们决策的目标是为了最大化预期的收益。在已有的决策理论中，期望价值理论认为人们进行决策的依据是哪个选择能够带来更多的价值，期望效用理论认为人们进行决策的依据是哪个选择能够带来更多的效用。因此，无论是期望价值理论还是期望效用理论，均是从行为的结果或后果来解释人们的决策过程，因此二者均属于"结果取向"的决策理论。

与此相对应，在人们的决策过程中实际上还存在另一种决策取向，即"义务取向"。在"义务取向"的决策方式中，"责任"是一个核心的概念，它指的是在道德上必须采取或禁止的行为，如履行诺言、不能欺骗等（Broad，1930）。与"结果取向"的决策方式不同，"义务取向"的决策方式注重的是行为本身的对或错，而不考虑行为的后果，其典型的行为逻辑是"我之所以这样做，是因为这样做是正确的，而不是因为这样做能带来好处"。

自从保护性价值观的概念提出后，大量的研究发现保护性价值观会影响人们的道德决策过程（Baron & Spranca，1997；Ritov & Baron，1999；Tanner，Medin & Iliev，2008；陈莹，2010）。本研究运用模拟的"道德两难任务"和真实的道德选择任务，进一步证明了保护性价值观对道德决策的影响。在存在保护性价值的道德决策情境中，"结果取向"和"义务取向"的决策方式哪一种更符合实际？与一般的价值观不同，保护性价值观的特殊之处就在于它的道德义务性。"保护性价值观与人们实际怎么想没有关系，即使心里不愿意，人们也应该尽力执行。"（何贵兵、奚岩，2005）因此，人们总是会将自己持有的保护性价值观泛化到所有人身上，觉得其他人即使没有这样的观念，自己也有责任按照这样的要求去做。因此，单单从概念上看，保护性价值观是义务取向的。Simon 则认为决策有事实前提和价值前提，价值观对决策的影响要从利害关系和是非关系这两方面来考虑，前者是指决策方案是否满足决策主体的利益需要，而后者是指决策方案是否符合伦理准则（何贵兵、奚岩，2005）。因此，在实际的决策过程中，人们也不可能完全不考虑后果，特别是在道德两难的任务情境中，人们更不可能离开对行为结果的衡量。从本研究的结果来看，无论是在实验1中的"金钱交易"任务，还是实验2、3的"道德两难"任务中，个体并非一边倒地根据"结果"或"义务"进行决策，而是表现出与个体所持有的价值观的保护性强度密切相关的特点。由于保护性价值观所具有的道德伦理属性，高保护性价值观的被试更愿意做出道德决策行为，低保护性价值观的被试在决策时也会受行为后果的影响。实验4则进一步证明了保护性价值观的这种影响，其直接行为动力是个体的自我价值保护动机，根本原因是个体维持自我同一性的需要。综合来看，保护性价值观的影响效应同样适用于自我价值定向理论的解释范畴。个体所持有价值观的保护性强度，反映着价值客体对个体自我的重要性程度，保护性强度越高的价值客体越接近个体自我概念的核心，体现出个体选择的自我价值定向。个体保护性价值观的强度不同，其选择的自我价值定向也不同，因此对于同样的客体由于个体自我选择的价值定向不同，其对个体自我的价值也是不一样的。保护性强度越高的价值客体，其对个体自我的价值越重要，相应地自我投入这一对象的心理资源越充分，有关行为的动机也越强，反之越弱。

第四节 本研究的创新和不足之处

一 本研究的创新之处

第一，采取新的视角来研究保护性价值观和行为决策的关系。传统的研究将保护性价值观视作"有"或"无"的机体变量，在具体的测量方式上就相应地将保护性价值观作为"0"或"1"的二分变量对待，这部分地导致了已有保护性价值观研究结果的不一致，同时也大大制约了对保护性价值观特性的深入挖掘。最近的研究已经证实了保护性价值观的强度属性，并提出了测量保护性价值观强度差异的新方法。基于这些新的发现，本研究认为保护性价值观在不同的个体之间存在着强度的差异，并且这种强度差异是造成人们在面对相同情境时行为决策不一致的主要原因之一。随后的实验结果证实了该研究假设。因此，与传统的研究相比，本研究对保护性价值观的测量更为精确，也更符合实际。

第二，启动实验范式在保护性价值观研究上的应用是本研究的另一创新点。目前，采用启动实验范式来研究价值观和行为之间的关系，是学界比较普遍的做法，而且取得了良好的效果。但将该实验范式应用于保护性价值观的研究还没有出现。本研究将该实验范式应用于保护性价值观的研究，是一个新的尝试和探索。特别是道德同一性启动范式的成功运用，对保护性价值观的研究是一个重要突破。该启动方式的成功运用，必将拓展保护性价值观的研究方法，对于未来的保护性价值观研究具有重要的借鉴意义。

第三，将保护性价值观与道德联系起来进行研究，是本研究的第三个创新点。保护性价值观具有道德伦理属性，使得道德伦理规则必然会在保护性价值观和行为决策的关系中发挥作用。本研究尝试从此角度来进一步挖掘保护性价值观的本质，通过系统的实验设计探讨了道德同一性、道德坚守等在保护性价值观和行为决策中的作用机制。研究清晰地描述了保护性价值观和道德坚守二者对行为决策的影响过程。研究结果对于进一步阐明保护性价值观的本质，厘清保护性价值观、道德同一性和行为决策之间的关系具有开创意义。

二 本研究的不足及未来研究展望

第一，关于保护性价值观测量过程中的社会赞许性问题。社会赞许性偏见是价值观研究中难以完全避免的干扰因素之一，尽管本研究综合运用了道德两难的实验任务等程序控制和协变量分析等统计控制的方法，试图来分离这种干扰效应，但不可否认在研究结果中肯定存在由于被试的社会赞许性偏见所导致的测量误差。因此，未来的研究应进一步考虑如何排除社会赞许性偏见所导致的研究误差，除了事后的统计控制之外，应特别重视事前的程序控制的独特作用。这就要求在未来的研究中，研究者应该在实验的设计和任务的安排上进行精巧构思，力求在实验的过程阶段就已经最大限度地避免了被试的社会赞许性偏见，从而减少对统计控制方法的依赖。这应该成为未来研究者在进行保护性价值观研究时，在处理可能的社会赞许性偏见时遵循的一个重要原则。

第二，关于保护性价值观的文化差异。囿于研究时间和经费的限制，本研究主要是通过直接比较中西方文化背景下的保护性价值观研究结果，来分析保护性价值观的文化差异。但这种比较方式存在一个明显的缺点，即由于研究者使用的测量工具不同，因此通过直接比较结果的方式可能并不能完全反映由于文化的不同而造成的保护性价值观结果的不同。研究结果的不同还可能是由于研究者使用了不同的研究工具和研究题目造成的。因此，为了避免此问题，在未来的研究中研究者应尝试使用同样的测量工具分别对不同文化来源的被试直接进行测量获取研究数据，并比较保护性价值观的文化差异。这样，研究结果更精确，也更有说服力。另外，被试的选取可以不仅仅局限于两个国家，还可以同时选取多个国家、多种文化背景来源的被试进行研究，从而增强跨文化研究的说服力。

第三，关于实验的信度和效度。在本研究的实验过程中，在研究对象上包括了生命健康、环境保护、诚信等多个不同的价值观，在实验任务上既采用了情境模拟任务，也采用了真实的行为选择任务，这些做法的目的都是为了提高实验的内部和外部效度。但是，很明显，实验操纵的痕迹仍然存在，实验室情境与真实情境的差异仍然会制约整个研究的信度和效度。因此，在今后的研究中应减少情景模拟实验的使用，更多地采用现场实验，以获得更真实的结果，进一步提高实验的外部效度。另外，由于研究者的精力以及时间限制，本研究中重点考察了环保、生命、诚信等价值观，并没有考虑所有的保护性价值观，是否所有的保护性价值观均存在同样的影响效应？不同保护性价值观的影响效应存在哪些差别？针对这些问题，未来的研究应针对具体的保护性价值观设计相对应的实验任务，以比较不同保护性价值观影响效应的差异，从而使研究更为精细化。

第八章 研究结论及教育启示

第一节 研究总结论

本书综合采用文献分析、开放式问卷调查、质性访谈、问卷调查和实验法等研究方法，通过三个系列研究探讨了当代中国大学生的保护性价值观及其对行为决策的影响。研究的主要结论如下：

第一，采用质性分析技术初步获得了当代中国大学生保护性价值观的基本类型结构，并以此为基础编制了《大学生保护性价值观正式调查问卷》。采用自编的保护性价值观问卷对全国范围内的大学生进行大规模的问卷调查，结果显示，当代中国大学生的保护性价值观包括身体保护、品德修养、环境保护、人际交往和公共利益等五种基本类型，不同类型的保护性价值观在大学生中的保护性强度存在差异。当代中国大学生的保护性价值观呈现出鲜明的文化特征和时代特征。文化特征主要表现为当代大学生的保护性价值观既呈现出跨文化的普遍性的一面，同时也反映出中国文化的独特影响。时代特征主要表现为当代中国大学生的保护性价值观呈现出"重关系、轻品德"的特点。

第二，个体所持有的保护性价值观的强度差异是影响个体行为决策的关键因素。激活自我和激活道德同一性，均能激活个体的保护性价值观，进而导致个体做出与保护性价值观相一致的行为。高保护性价值观和激活，是保护性价值观影响行为决策的必要条件。

第三，保护性价值观影响行为决策的直接心理动力是自我价值保护动机，其内在心理机制是个体维护自我同一性，满足自我价值的需要。保护性价值观不仅直接影响个体的行为决策，而且还通过道德坚守对行为决策产生间接影响，道德坚守在保护性价值观和行为决策的关系中发挥部分中介的作用。

第四，"结果取向"或"义务取向"均不能单独解释道德决策行为。在道德决策中，自我价值定向理论能更好地解释保护性价值观的影响效应。个体所持有价值观的保护性强度，反映着价值客体对个体自我的重要性程度，保护性强度越高的价值客体，其对个体自我的价值越重要，相应地自我投入这一对象的心理资源越充分，有关行为的动机也越强，反之越弱。

第二节　对大学生价值观教育的启示

一　对大学生进行价值观教育的可行性

在讨论如何对大学生进行价值观教育之前都必须首先要明确这样一个问题：价值观能否进行教育？也就是说，教育是否能够改变或影响价值观？这是对大学生进行价值观教育的前提。只有价值观能够通过教育而改变，我们才能进一步来探讨如何进行教育的问题。那么价值观是否能够通过教育得到改变？首先，从价值观的内涵来分析。价值观是行为主体在头脑中存在的对客观事物重要性和存在价值的主观认识和评价，在本质上属于社会意识的范畴。按照马克思主义哲学的观念，社会存在决定社会意识，社会存在发生变化，人的主观认识也必然会随之改变。人类的认识，包括个人对外部世界的认识，都要经历由浅入深的过程，逐步接近或达到对事物本质的认识。相应的，人的价值判断标准也要经历一个不断健全，由不完善向相对完善的过程。所以，价值观是可以通过外在作用发生改变的。人接受社会影响的方式有很多，有直接的、间接的、显性的、隐性的，等等。但教育作为一种有目的、有计划、积极主动地对受教育者施加影响的手段，是改变和塑造人们思想观念的主要方式。因此，从价值观的内涵分析，价值观可以通过教育加以改变。其次，从已有的实证研究成果来看，在本书第二章的价值观和保护性价值观部分，我们详细介绍了价值观的影响因素，其中教育包括学校教育和家庭教育都能够对个体的价值观产生影响。如章志光等（1993）强调了教育方式，包括价值观教育、榜样学习、角色扮演、集体讨论、师生互动方式、奖励结构等对个体价值观的影响。Stoetzel（1983）认为，教育在个体价值观形成中是一个重要的因素。Cohen（1996）在其研究中认为父母教育方式能够对青少年的价值观产生重要影响。另外，张兴海（2012）也从逻辑上和方法上对大学生价值观教育的可行性进行了分析，确认了大学生价值观教育的前提条件，给予了大学生价值观教育行为的可行承诺。综合已有的研究成果，可以确认对大学生进行价值观教育是可行的。

二　当前我国大学生价值观教育存在的主要问题

（一）教育理念落后

教育理念是对教育实践的客观反映，应该随着客观现实的发展而发展。然而长期以来，对大学生的价值观教育的认识却滞后于大学生价值观变化的实际，导致高校的价值观教育总是处于不停的"追赶"之中。主要表现在：第一，认为价值观教育是德育的组成部分，将价值观教育等同于德育。这既与中国的传统文化有关，也与国家的要求导向有关。中国素有重视道德教育的文化传统。孔子曰："道之以德，齐之以礼，有耻且格。"孟子也主张："善政不如善教之得民也。"而价值观教育的概念则是最近几十年才出现的，因此，传统的对价值观教育的认识，认为价值观教育是德育的组成部分，是包含在德育的范畴中的。另外，在国家的政策导向中也是将价值观包含在思想道德范畴中的，如2004年颁发的《中共中央国务院关于进一步加强和改进未成年人思想道德建设的若干意见》提出，"要教育和引导未成年人树立中国特色社会主义理想信念和正确的世界观、人生观和价值观"。随着对价值观认识的不断加深，特别是众多心理学研究成果的出现，可以发现价值观教育和道德品质教育的外延和内涵是不一样的，价值观教育的外延要明显大于德育的外延。如斯普兰格认为，价值观包括经济观、理论观、社会观、审美观、宗教观、权力观；黄希庭把价值观分为政治的、道德的、审美的、宗教的、职业的、人际的、婚恋的、自我的、人生的、幸福的十种类型；中国社会科学院社会学研究所"当代中国青年价值观演变"课题组把价值观分为生活价值观、自我价值观、政治价值观、道德价值观、职业价值观、婚姻和性价值观。在本研究中也发现，品德修养是我国大学生保护性价值观的一个子类型。所有的道德问题理论上讲都是价值观的问题，但不是所有的价值问题都是道德问题。比如审美和政治就不易用道德法则来衡量。我们也决不能用德育来代替价值观的教育。第二，价值观教育的地位没有得到充分的重视。由于传统的对价值观教育的认识属于德育的范畴，因此在实际的教育过程中普遍存在重德育、轻价值观教育的问题。尽管在"德智体美"诸要素排序中，德育一直居首要地位，但在复杂多元的价值观的冲击下，在教育的实际操作中，轻视德育甚至把德育课视为智育的一部分成为一种常态，更不用说价值观教育了。从具体的课程设置来看，当前高校中对大学生进行价值观教育的主要课程是"两课"等少数几门思想政治课。这些课程内容更多的是对大学生的政治素质、道德品质进行教育，纯粹的价值观教育内容寥寥无几。而且，德育的课程设置在高校的整个课程体系中本身的比重就偏低，高校更多强调的是知识教育、专业教育，而对人本身的价值教育明显忽略。当前，我国社会正处于多元价值文化并存的转型时期。受此影响，大学生的价值观也呈现出多元化的趋势。仅仅依靠几门思想政治课程，就试图引导和帮助大学生在复杂的多元文化冲击中，确立积极向上的价值观念，明显力量不足。因此，必须重新审视当前大学生价值观教育的地位，并还大学生的价值观教育以应有的位置。

（二）教育内容空洞

目前，我国高校承担价值观教育任务的主要是"两课"。而"两课"的价值观教育内容与当前大学生价值观的现状相比，主要存在以下问题：第一，内容陈旧，脱离大学生实际。由于传统的将价值观教育等同于德育的错误认识，因此在"两课"的教育内容中大多是德育方面的内容，而且这些内容大多在中小学的教育中已经学过，对于大学生来说，这样的教育内容显然过于单调，而且也有内容重复的嫌疑。因此，大学生大多对这些内容不感兴趣，也就起不到相应的价值观教育效果。价值观教育内容陈旧还表现为对当前社会上出现的一些新情况，价值观教育内容并没有做出及时的反映。如，在当前价值观多元的时代，外来文化的侵入使得中国传统文化中的核心价值观念在慢慢变淡，甚至遭到大学生的摒弃。作为一个传统文化根深蒂固的国家，我国社会奉行的是以伦理道德为核心的传统价值观，并以这一价值观作为个人行为的准则。而随着现代化进程的推进，外来的多元文化逐渐对传统文化造成了侵蚀，以致传统文化中倡导的核心价值观念也遭遇了现代危机，诸如勤劳节俭、诚实守信、孝亲敬长、严己宽人、修己慎独等在处理个人与社会、个人与他人、个人与自身等关系时应该遵从的价值观在一定程度上也受到了怀疑和贬损，被青年人当作"老一套"而弃之如敝屣。另外，当前的大学生普遍存在"重视个人利益、轻视集体利益"的倾向。北京大学教授钱理群曾这样形容当代大学生："精致的利己主义者"，"他们高智商，世俗，老到，善于表演，懂得配合，更善于利用体制达到自己的目的"。面对当前大学生价值观呈现出的种种变化，高校价值观教育的内容在更新速度上明显滞后，这也造成了价值观教育的内容与大学生实际脱节，缺乏针对性，影响了大学生价值观教育的效果。第二，内容空洞抽象，政治化、理想化色彩浓厚。长期以来，我国的价值观教育存在内容空洞的问题，这已是学界的共识。而且由于价值观教育一直隶属于思想政治教育的范畴，因此价值观教育政治化、理想化色彩浓厚。价值观教育过于强调价值目标，导致价值观教育的内容严重脱离大学生实际，内容缺乏针对性和生动性，使价值观教育流于空洞的说教和口号宣传，难以在大学生群体中得到认同和产生共鸣。价值观教育偏重高层次的、理想的价值目标教育，忽略了低层次的、现实的基本价值观教育与实践，大学生只能被动地理解、接受既定的"崇高理想"，教育多与现实相背离，导致大学生一旦走出校园，面对多元的价值选择往往无所适从，产生种种困惑和矛盾。另外，价值观教育的目标大多定位于"社会主义的建设者和接班人"这一"政治人"层面上，而没有在更为基本的"社会人"这一层面设定明确的目标。价值观教育更注重大学生政治素质和政治素养的养成，更为基本的公民价值观念和行为规范的教育却被忽视。所有这些都说明当前大学生价值观教育内容的空洞。

（三）教育方法单调

长期以来，在价值观教育过程中占主导地位的方法是灌输法。价值观中的价值目标、价值评价等都以一定的价值知识获取为基本前提，而价值知识具有社会性，它主要是通过灌输由外而内化的，并最终形成某种比较稳定的思想，落实在行为上。因此，灌输法在价值观教育的过程中有其合理性。关于什么是"灌输"，中外学者提出了不同的见解，综观之，有两种截然相反的观点。第一种观点主张灌输就是教育者借助一定的权威或外部力量迫使受教育者不加批评地接受某种固定的道德规则系统和方法。第二种观点主张灌输是教育者对受教育者关于社会规范或知识经验的输送与传授的方法。持此观点的学者认为"本真意义的价值灌输就是一种价值的展示，而非是强制接受。在一定意义上说，教育过程中的灌输就是一种知识、经验、观念、规范与方法等的传授"（蔡志良，2004）。当前，我国高校的价值观教育普遍运用的是第一种观点意义上的灌输方式。这种灌输方式的主要表现是只注重道德认知，没有把传授的知与学生的行相结合；注重对学生进行外在的强化灌输，而忽视了学生的主体性作用。在教育过程中，基本上是以教师、教材为中心，通过简单的说教，把抽象的理论机械地灌输给学生。教育者被看作是教育的主宰，而受教育者更像是简单的容器，只能被动地接受纯粹的理论灌输，教育活动成为教育者对教育对象的单向活动。这种灌输方式的另一大问题是没有考虑到学生的差异性。由于人们受家庭的、社会的影响不尽相同，每个人的价值观状况并不一致。因此，价值观教育也必须针对教育对象的不同层次和个体差异，选择不同的教育方法，这样才能取得理想的教育效果。但在我们当前的价值观教育中，采用的是"一刀切"的教育模式，无视教育对象的差异，教育的效果可想而知。

（四）教育途径单一

尽管在理论上，研究者提出了很多价值观教育的途径和载体，如课堂教育、第二课堂、校园文化、社会实践、家庭教育，等等。价值观也只有充分发挥各种途径和载体的作用，使之相互配合、相互协同，才能达到最佳的教育效果。然而，在现实中这些手段并没有得到很好的发挥，系统性并不明显，表现在：第一，过于依赖学校教育这一单一途径。由于历史的原因，多年来我们的价值观教育主要依赖于学校教育这一途径。在高校内部，价值观教育的主渠道是"两课"，"两课"课堂教学是大学生价值观教育最重要的途径和载体。国家也高度重视"两课"教学，各个高校从教师配备、资金投入到教学改革都做了很大的努力，普遍加强了思想政治理论课的教学工作，不可否认，高校的思想政治教育取得了一些成绩，但也存在不少的问题，主要表现为：过于重视理论的灌输和传授，而忽视学生自身的体验和感受。这直接导致学校教育功能的弱化，而教育的价值导向的弱化，是高校价值观教育中较为普遍的现象。第二，其他教育途径的作用发挥不够。教育从广义上说，凡是增进人们的知识和技能、影响人们的思想品德的活动都是教育。它包括社会教育、家庭教育和学校教育。对价值观的教育也是如此。大学生的价值观教育是一个现实意义很强的教育活动，它广泛存在于家庭、学校和社会现实之中。与学校相比，家庭、社会也同样蕴含着丰富的价值观教育资源，如博物馆、纪念馆，等等。而且，家庭、社会中的价值观教育资源更比学校的价值观教育资源多样，多样化的教育资源可以让大学生接受更为全面的价值观教育。然而，在现阶段，家庭和社会教育在大学生价值观中的作用远远没有得到重视，相应的教育资源也没有得到充分的开发和利用，甚至有时候还会与学校教育相矛盾，不仅不能和学校教育形成合力，很多时候反而抵消了学校教育的正面影响。因此，要使大学生价值观教育取得好的效果，就必须协调学校、家庭、社会三方面的教育力量，充分发挥社会和家庭在大学生价值观教育中的作用，使三者形成合力。

三　对当前我国大学生进行价值观教育的启示和建议

（一）在教育理念上，应还价值观教育以本来的位置和地位

教育改革，理念先行。要使大学生的价值观教育取得好的效果，首先在教育理念上必须进行变革。当前，高校的价值观教育在教育理念上应进行如下变革：第一，将价值观教育从传统的德育范畴中分离出来。无论从已有的研究成果还是本研究的结果来看，价值观教育和道德品质教育的外延和内涵都不一样，价值观教育的外延要明显大于德育的外延。价值观教育不仅仅包括德育，还包括政治价值、生活价值、职业价值、自我价值等多个价值观侧面的教育。因此，试图通过德育来代替价值观教育的观念存在明显的局限性。对于国家教育主管部门和高校来说，只有认清了这一点，才能在政策制定、课程设置、教学改革等方面做出改变，将价值观教育从德育中分离出来，还价值观教育以本来的位置。第二，高度重视大学生的价值观教育问题。当前大学生在价值观方面存在的种种问题，在某种程度上与对大学生的价值观教育重视程度不够有关。价值观在人的成长和发展中起着十分重要的作用，尤其是对正处于价值选择和价值判断过渡阶段的大学生来说，形成和树立一个积极向上的价值观念，对于他们将来的成长成才具有决定性的意义。因此，价值观教育是一个永恒的课题，在各个国家都得到普遍重视。只有正确的价值观才能帮助大学生形成高尚的品格、崇高的信仰、纯净的心灵，也只有正确的价值观才能告诉大学生怎样成为有用的人才，怎样获得幸福的人生。鉴于价值观对大学生成长成才的决定性意义，因此全社会都应更加重视大学生的价值观教育。作为对大学生进行价值观教育的主要场所——高校首先在课程的设置上应改变过于依赖"两课"教学进行价

值观教育的现状，通过设置专门的价值观教育课程，如生命价值、人生价值等系列课程，改变当前价值观教育过度集中于德育的现状，使得价值观教育真正成为大学课程体系中的一个重要组成部分，还价值观教育以本来的地位。此外，学界还应继续重视和加强对大学生价值观教育的研究，特别应加强对社会转型期和多元文化并存期，大学生的价值观的现状、问题及教育对策和建议等问题的研究，进一步丰富价值观研究的成果，并用这些成果来指导实践，以提高大学生价值观教育的实效性。

（二）在教育内容上，应努力使社会主义核心价值观成为大学生的保护性价值观

党的十八大报告强调指出："倡导富强、民主、文明、和谐，倡导自由、平等、公正、法治，倡导爱国、敬业、诚信、友善，积极培育和践行社会主义核心价值观。"这一论述明确了社会主义核心价值观的基本理念和具体内容。其中，"爱国、敬业、诚信、友善"，是从个人行为层面对社会主义核心价值观基本理念的凝练。从价值交易的角度来看，社会主义核心价值观能否成为公民必须恪守的基本道德准则和行为标准，关键要看其能否成为公民价值观念体系中的保护性价值观，这是公民做出符合社会期望的道德行为的必要条件。鉴于教育在大学生价值观塑造和形成中所发挥的巨大作用，因此在大学生价值观教育内容上，应将社会主义核心价值观教育作为新时期大学生价值观教育的灵魂，将社会主义核心价值观教育贯穿大学生培养的全过程。

从价值关系角度来看，社会主义核心价值观既包括"爱国"、"敬业"等社会层面的价值观，也包括"诚信"、"友善"等个体层面的价值观，这也启示我们社会层面的价值观和个体层面的价值观两者都要重视。目前，我国大学生的价值观教育多集中于社会性的保护性价值观，如爱国爱家、国家利益等等，而对个体性的保护性价值观教育则明显忽视，如尊严、生命、健康，等等。而对生命等个体性保护性价值观教育的缺乏所导致的明显后果是大学生在个体层面上的问题层出不穷，如，大学生校园自杀率的居高不下等。由于历史和政治原因，社会性价值观教育一直居于我国价值观教育的中心地位，但随着社会的发展，特别是在当今高度重视以人为本、弘扬个性的现代社会，个体性价值观的教育也应该成为当前大学生价值观教育的重要内容。社会性价值观与个体性价值观的教育二者应统筹兼顾，不可偏颇。

另外，当前大学生的价值观教育还应特别重视公共价值的教育。公共价值是公共生活的根基，是每个个体必须遵循的道德底线。公共价值观的培养，实际就是培养大学生的公共道德，使之成为有理性的公民的基本前提，同时也是价值观教育的目的。无论哪一种价值观教育方式，都应当以公共价值为核心，设立适合学校和学生的价值观教育内容（翟楠，2013）。对此，Taylor（2003）提出的学校价值观教育内容值得我们借鉴，她提出了以下四个方面的内容：一是向学生提供价值观和信念方面的知识与顿悟，使他们能够以发展他们的精神意识和自我认识的方式来反思他们的经验；二是讲授分辨正确和错误的原则；三是鼓励学生与他人建立积极联系，负起责任，全面参与社会活动，形成对公民的理解；四是教学生欣赏他们自己的文化传统，以及其他文化的多样性和丰富性。

（三）在教育方法上，用综合性的方法取代单一的方法

关于价值观教育的方法，国内外的研究者提出过很多的方法。如，价值观澄清法（values clarification）、价值观分析方法（values analysis）等。柯申鲍姆从价值观教育的历次运动和各种方法途径中整合出四种主要的价值观教育方法，即价值观实现、人格品质教育、道德教育、公民教育，并且其在《在学校和青少年中进行价值观和道德教育的100种方法》一书中综合整理了价值观教育的100种具体方法。其中，灌输式（讲授式）方法有43种，塑造和榜样学习方法20种，促进性方法有40种，另外还有15种发展个体道德品质和公民价值观的技能。具体来讲，这些方法主要有：直接的教导和专门的学习、讨论法、公正团体、集体礼拜、课外活动、教室规则的形成和讨论、圆桌时间、故事的运用、个体经历叙述、同伴仲裁、提高思辩能力、角色扮演、戏剧演出、模拟议会、教育性游戏、模拟练习、实践活动、合作学习、任务主导活动、小组活动、学生主导的研究、问题解决、批判性推理、主题日活动等（引自辛志勇、金盛华，2002）。国内的研究者也提出了许多价值观教育的方法，如冯增俊（1993）在对西方德育和价值观教育考察后总结出几种主要的方法模式：认知发展方法模式、社会学习方法模式、价值澄清方法模式、社会行动方法模式等。分析以上所提出的这些方法背后的理论基础，可以将这些方法大体分为几大类：一类是建立在认知理论基础上的方法，如灌输、讨论等；一类是建立在人格发展理论基础上的方

法，如集体礼拜、戏剧演出、模拟议会等；还有一类是建立在人文主义基础上的方法，如圆桌时间、课外活动、学生主导的研究等；价值观是一个复杂的认知结构，其受到个体的认知、人格等多种因素的影响。因此，进行价值观教育仅仅采用单一的方法是不够的，必须从多个角度采用综合的方法进行效果才好。柯申鲍姆（2000）也认为，"价值观教育一定是综合性的方法效果更好"。近年来，国外价值观教育方法的综合性趋势也验证了这一点。

具体到当前的大学生价值观教育来说，当务之急是要摆脱对传统的简单灌输式教育方法的依赖，多采用参与、体验式的教育方法。一直以来，价值观教育之所以被抵制，就是由于其教育方式的说教色彩太过浓重，以知识教育的方式进行价值观的教育，以至于价值引导变成了价值上的灌输和强制。价值观教育既包含显性的教育方式，也包含隐性的教育方式，特别是隐性的教育方式，其潜移默化的影响方式对价值观的作用更大。一方面，高校应充分挖掘校园文化在价值观教育中的重要作用，校园文化不仅承担了塑造大学人文精神的重要职责，而且是社会道德的构成要素和支撑杠杆，是教化人、塑造人、熏陶人的重要途径。另一方面，高校应组织大学生开展丰富多彩的社会实践活动，通过活动和体验的方式让学生积极参与，体验不同的价值感受，在社会实践中让大学生明确自己肩负的社会责任和历史使命，形成责任意识和责任感，找准个人在社会中的正确位置，从而正确处理个人与他人、集体、社会的相互关系，确立正确的核心价值观。

（四）在教育策略上，应结合时代特点和对象特点进行有针对性的价值观教育

一方面，对大学生的价值观教育要结合时代发展的特点。从国外价值观教育方法的发展历程来看，价值观教育方法的发展具有明显的时代特色，另外还具有一定的周期性特点。也就是说，价值观教育方法的选择虽然要考虑教育过程本身的规律、价值观维度自身的规律，但也必须考虑受教育者所处时代的需要。从当前大学生所处的时代特点来看，世俗文化的盛行、多元价值的并存、个体意识的崛起都影响着大学生正确价值观念的形成。在进行价值观教育时不考虑当前时代的变化特点，仍然沿用传统的教育内容和教育方法，大学生价值观教育的效果肯定会大打折扣。因此，当前的价值观教育首先应该从教育内容和教育方法两方

面进行调整和改革，教育内容应贴近大学生，教育方法应利于大学生接受。

另一方面，对大学生的价值观教育要结合大学生自身的特点。国外的许多价值观教育研究者认为，在大学阶段以前的儿童和青少年都应该接受价值观教育，但由于不同年龄阶段的受教育者具有不同的生理和心理特点，所以在价值观教育方法的选择上也应该有所区别。一般来讲，随着受教育者年龄的增加，思维能力的提高，会越来越反对那种机械的灌输式教育方式，而接纳自主性强及具有关怀主义性质的教育方式。这就启示我们，对大学生的价值观教育要充分考虑大学生自身的特点。具体来说，本研究发现大学生的保护性价值观受到性别、年级、专业、地区等诸因素的影响，随着年级的升高，对大学生价值观的教育不应弱化，反而应该逐渐加强；针对理科专业大学生的保护性价值观弱于文科专业的特点，应有意识地加强对理科大学生的价值观教育，使理科学生形成更多的保护性价值观念；对不同地区高校大学生的价值观教育也应有所侧重，特别是沿海经济发达地区的大学生，受经济利益驱动的影响，大学生原有的诚实、守信等保护性价值观念存在不同程度的弱化现象，需要重点加强。

参考文献

蔡志良：《灌输与选择的整合：道德教育的基本原则与方法取向》，《中国教育学刊》2004 年第 7 期。

岑国桢：《青少年主流价值观：心理学的探索》，上海教育出版社 2007 年版。

柴世钦：《领导干部价值观的结构、功能与生成机制研究》，博士学位论文 2011 年，湘潭大学。

陈树林、王义强、赵国秋：《杭州市中学生价值观调查》，《中国临床心理学杂志》2001 年第 3 期。

陈莹：《保护性价值观对行为决策的影响：义务取向还是结果取向》，硕士学位论文 2010 年，西南大学。

陈莹、郑涌：《价值观与行为的一致性争议》，《心理科学进展》2010 年第 10 期。

董小苹：《不同世界的中学生——中日美三国中学生价值观比较研究》，上海社会科学院出版社 1996 年版。

董志勇：《行为经济学原理》，北京大学出版社 2006 年版。

费孝通：《乡土中国》，三联书店 1985 年版。

冯增俊：《当代西方学校道德教育》，广东教育出版社 1993 年版。

葛缨、张进辅、冯春：《五个不同行业从业者的职业人际价值观》，《中国临床康复》2005 年第 16 期。

龚惠香、汪益民、袁加勇、陈杭渝：《大学生职业价值观的演变趋势——对两次问卷调查结果的比较分析》，《青年研究》1999 年第 7 期。

郭晓薇：《两种价值观对组织公民行为的预测及调节作用探析》，《南京师大学报》（社会科学版）2006 年第 2 期。

韩静：《大学生科技领域中的保护性价值观研究》，硕士学位论文 2009
　　年，山西大学。

何贵兵：《青年企业家发展报告》，见张兵（编）《跨入新世纪的浙江青
　　年》，中国广电出版社 2001 年版。

何贵兵、管文颖：《保护性价值观的结构和特征研究》，《应用心理学》
　　2005 年第 4 期。

何贵兵、奚岩：《保护性价值观及其对决策行为的影响》，《应用心理
　　学》第 1 期。

何华敏：《我国内地四类企业职工职业价值观比较研究》，《西南师范大
　　学学报》（哲学社会科学版）1998 年第 1 期。

何瑞鑫、傅慧芳：《新生代农民工的价值观变迁》，《青年探索》2006
　　年第 6 期。

何友晖、陈淑娟、赵志裕：《关系取向：为中国社会心理方法论求答
　　案》，见杨国枢、黄光国（编）《中国人的心理与行为》，台北：桂冠
　　图书公司 1991 年版。

侯阿冰：《少数民族价值观的结构、特征及变迁研究》，博士学位论文
　　2008 年，西南大学。

胡洁、张进辅：《基于消费者价值观的手段目标链模型》，《心理科学进
　　展》2008 年第 3 期。

胡钰、吴倬：《互联网对青年价值观的负面影响》，《青年研究》2005
　　年第 3 期。

黄光国：《儒家价值观的现代转化：理论分析与实证研究》，《本土心理
　　学研究》1995 年第 3 期。

黄曼娜：《我国青少年学生价值观的比较研究》，《西南师范大学学报 》
　　（哲学社会科学版）1999 年第 5 期。

黄希庭等：《当代中国青年价值观与教育》，四川教育出版社 1994
　　年版。

黄希庭、张进辅、张蜀林：《我国五城市青少年学生价值观的调查》，
　　《心理学报》1989 年第 21 期。

蒋明军、徐松如、王珊、刘凤：《"80 后"与"90 后"大学生价值观
　　比较研究》，《思想理论教育》2010 年第 7 期。

金盛华、黄光成：《现代社会挑战与教育变革导向》，《北京师范大学学

报》（社会科学版）1996 年第 6 期。

金盛华：《社会心理学》，高等教育出版社 2005 年版。

金盛华：《社会心理学（第二版）》，高等教育出版社 2010 年版。

金盛华、孙雪飞、郑建君：《中学生价值观问卷的编制及其结构验证》，《应用心理学》2009 年第 2 期。

金盛华、田丽丽：《中学生价值观、自我概念与生活满意度的关系研究》，《心理发展与教育》2003 年第 2 期。

金盛华、王怀堂、田丽丽、史清敏、刘蓓、李慧、孙娜：《当代农民价值取向现状的调查研究》，《应用心理学》2003 年第 3 期。

金盛华、张杰：《当代社会心理学导论》，北京师范大学出版社 1995 年版。

金盛华、郑建君、辛志勇：《当代中国人价值观的结构与特点》，《心理学报》2009 年第 10 期。

寇彧：《大学生价值取向的特点及其与家庭因素的相关研究》，《心理学探新》2002 年第 1 期。

兰久富：《社会转型时期的价值观念》，北京师范大学出版社 1999 年版。

李美枝、杨国枢：《中国大学生的价值观》，见李亦园、杨国枢（编）《中国人的性格》，台北："中央研究院" 民族研究所 1972 年版。

李朝旭、莫雷：《对性别助长假设的初步验证：在场观众的性别影响作业效绩吗？》，《心理科学》2004 年第 6 期。

李从松：《贫困对贫困生价值观形成的影响》，《青年研究》2002 年第 2 期。

李德顺：《价值论》，中国人民大学出版社 1987 年版。

李柏英：《评价历程的理论与测量》，《应用心理研究》2002 年第 14 期。

李儒林、张进辅：《大学生人际价值观特征的研究》，《西南师范大学学报》（人文社会科学版）2006 年第 4 期。

李若衡、杨静：《大学生生命价值观的投射测验与内容分析》，《重庆邮电学院学报》（社会科学版）2006 年第 2 期。

梁漱溟：《中国文化的要义》，学林出版社 1987 年版。

林崇德、寇彧：《青少年价值取向发展趋势研究》，《心理发展与教育》1998 年第 4 期。

刘恩允：《中学生道德价值取向调查分析与教育建议》，《山东师范大学学报》1999 年第 4 期。

刘娟、刘岚、李磊：《贫困地区大学生生命价值观的调查研究》，《昭通师范高等专科学校学报》2010 年第 3 期。

刘明威：《不同框架效应及情绪下大学生保护性价值观对利他行为意向的影响》，硕士学位论文，沈阳师范大学 2013 年。

刘毅：《大学生人际关系中的保护性价值观研究》，硕士学位论文 2008 年，山西大学。

刘毅、焦江丽、辛志勇：《浪漫关系中保护性价值观问卷的初步编制》，《社会心理科学》2013 年第 2 期。

刘善仕、凌文辁：《家长式领导与员工价值取向关系实证研究》，《心理科学》2004 年第 3 期。

楼静波：《中国青年大透视——关于一代人的价值观演变研究》，北京出版社 1993 年版。

陆建华：《来自青年的报告：当代中国青年价值观及其取向的演变》，辽宁人民出版社 1992 年版。

马剑虹、倪陈明：《企业职工的工作价值观特征分析》，《应用心理学》1998 年第 1 期。

莫尼卡·泰勒：《价值观教育与教育中的价值观（上）》，《教育研究》2003 年第 5 期。

潘维：《论现代社会的核心价值体系》，《理论参考》2007 年第 3 期。

裴娣娜、文喆：《社会转型时期中学生价值观探析》，《教育研究》2006 年第 7 期。

彭凯平、陈仲庚：《北京大学学生价值观倾向的初步定量研究》，《心理学报》1989 年第 2 期。

彭晓玲、周仲瑜、柏伟、熊磊：《大学生价值观与心理健康相关性调查分析》，《重庆科技学院学报》（社会科学版）2005 年第 2 期。

钱穆：《从中国历史来看中国民族性及中国文化》，香港中文大学出版社 1979 年版。

秦启文、姚景照、李根强：《企业员工工作价值观与组织公民行为的关系研究》，《心理科学》2007 年第 4 期。

沈建忠：《行政管理领域中的保护性价值观及其对决策行为的影响》，

硕士学位论文 2008 年，浙江大学。

施海燕、梁放：《期望效用理论与前景理论之比较》，《理论新探》2007
年第 6 期。

史清敏、余继爱、罗威林、金盛华：《深圳与北京中学生价值观特点比
较研究》，《心理发展与教育》2002 年第 4 期。

施春华：《大学生价值取向与心理健康的相关性研究》，《中国心理卫生
杂志》1997 年第 5 期。

宋林：《食品企业保护性价值观与企业社会责任感的关系研究》，博士
学位论文 2010 年，山西大学。

苏颂兴等：《分化与整合——当代中国青年价值观》，上海社会科学出
版社 2000 年版。

孙琦、郑钢：《中学生消费价值观的特点及其与价值观的关系》，《中国
临床心理学杂志》2008 年第 6 期。

唐文清、张进辅：《中外价值观研究述评》，《心理科学》2008 年第
3 期。

王晓光：《大学生保护性价值观》，《山西煤炭管理干部学院学报》2009
年第 2 期。

王佳欣：《当代大学生保护性价值观问卷编制及特点研究》，硕士学位
论文 2009 年，山西大学。

王建平、王玉龙、谢伟、杨智辉：《价值观对蓄意创伤受害者创伤后应
激障碍症状的影响》，《心理学报》2007 年第 5 期。

王金梅：《云南少数民族大学生职业价值观调查与分析》，《北京青年政
治学院学报》2003 年第 1 期。

王沛、康廷虎：《大学生择业价值取向调查问卷的编制及初步研究》，
《应用心理学》2005 年第 2 期。

王涛、戴均：《改革开放 30 年来大学生价值观变迁的轨迹及其规律研
究》，《高等教育研究》2009 年第 10 期。

汪向东：《心理卫生评定量表手册》，中国心理卫生杂志社 1993 年版。

王新玲：《关于北京市一所中学学生的价值系统与道德判断的调查报
告》，《心理学报》1987 年第 4 期。

王晓钧、雷晓鸣、连少贤：《归因取向理论建构及实证》，《心理学报》
2012 年第 4 期。

文萍、李红、马宽斌：《1987—2004 我国青少年价值观纵深研究及教育建议》，《社会科学家》2005 年第 2 期。

吴鲁平：《西方发达国家青年价值结构的转型及其社会经济根源——英格莱哈特的"后现代化理论"》，《中国青年政治学院学报》2002 年第 2 期。

奚岩：《管理领域中的保护性价值观的研究》，硕士学位论文 2005 年，浙江大学。

向楠、朱世宏：《当代大学生生命价值观现状与对策分析》，《西南石油大学学报》（社会科学版）2010 年第 3 期。

许加明：《Rokeach（The Value Survey）的修订〈价值观调查量表〉》，《山东教育学院学报》2005 年第 4 期。

许燕：《北京大学生价值观研究及教育建议》，《教育研究》1999 年第 5 期。

许燕、王砾瑟：《北京和香港大学生价值观的比较研究》，《心理学探新》2004 年第 4 期。

胥兴春、张大均：《教师工作价值观与工作绩效的关系研究》，《心理科学》2011 年第 4 期。

辛志勇：《当代中国大学生价值观及其与行为的关系研究》，博士学位论文 2002 年，北京师范大学。

辛志勇、金盛华：《论心理学视野中的价值观教育》，《教育理论与实践》2002 年第 4 期。

杨德广：《中国当代大学生价值观研究》，上海教育出版社 1997 年版。

杨国枢：《中国大学生的人生观》，见李亦园、杨国枢（编）《中国人的性格》，台北：中央研究院民族学研究所 1972 年版。

杨国枢：《心理学研究的中国化：层次与方向》，见杨国枢、文崇一（编）《社会及行为科学研究的中国化》，台北：桂冠图书公司 1982 年版。

杨国枢：《中国人的社会取向：社会互动的观点》，见杨国枢、余安邦（编）《中国人的心理与行为——理念及方法篇》，台北：桂冠图书公司 1993 年版。

杨宜音：《社会心理领域的价值观研究述要》，《中国社会科学》1998 年第 2 期。

杨宜音：《关系化还是类别化：中国人"我们"概念形成的社会心理机制探讨》，《中国社会科学》2008 年第 4 期。

杨中芳：《中国人真的是集体主义吗？——试论中国文化的价值体系》，见杨国枢（编）《中国人的价值观——社会科学观点》，台北：桂冠图书公司 1994 年版。

姚本先：《新时期大学生价值观演变的轨迹、特点及原因》，《高等教育研究》2007 年第 9 期。

叶松庆：《当代未成年人价值观的基本状况与原因分析》，《中国教育学刊》2007 年第 8 期。

阴国恩、戴斌荣：《天津市大学生价值观类型的调查研究》，《天津师范大学学报》（社会科学版）2000 年第 6 期。

游洁：《价值观与大学生寻求社会支持的关系研究》，《心理科学》2005 年第 3 期。

余华、黄希庭：《大学生与内地企业员工职业价值观的比较研究》，《心理科学》2005 年第 6 期。

余骏：《青少年学生生态价值观的心理学研究》，硕士学位论文 2005 年，上海师范大学。

俞宗火、滕洪昌、戴海崎、胡竹菁：《当代硕士研究生职业价值观研究》，《应用心理学》2004 年第 3 期。

袁金辉、陈金牛：《在读研究生价值取向调查》，《青年研究》2002 年第 12 期。

翟楠：《价值多元时代的价值观教育——大学价值观教育的问题反思与理论建构》，《扬州大学学报》（高教研究版）2013 年第 5 期。

翟学伟：《面子人情关系网》，河南人民出版社 1994 年版。

翟学伟：《中国人的价值取向：类型、转型及其问题》，《南京大学学报》（哲学·人文科学·社会科学）1999 年第 4 期。

张进辅：《青少年价值观的特点：构想与分析》，新华出版社 2006 年版。

张进辅、赵永萍：《重庆市中学生与其父母价值观的差异研究》，《心理科学》2006 年第 5 期。

张静：《当代大学生儒道传统价值观与心理健康的关系研究》，硕士学位论文 2009 年，吉林大学。

张俊、邹泓：《中学生消费价值观在家庭理财教育方式与消费决策风格之间的中介作用》，《心理科学》2012 年第 2 期。

张兴海：《论价值转型中大学生价值观教育的前提依据》，《东北师大学学报》（哲学社会科学版）2013 年第 6 期。

章英华：《家户组成与家庭价值的变迁：台湾的例子》，见乔健、潘乃谷（编）《中国人的观念与行为》，天津人民出版社 1995 年版。

章志光：《学生品德形成新探》，北京师范大学出版社 1993 年版。

赵肖芳：《大学生对中国传统文化中保护性价值观的认同研究》，硕士学位论文 2008 年，山西大学。

赵强、辛志勇：《大学生保护性价值观的初步研究》，《科技情报开发与经济》2009 年第 12 期。

郑雅维、赵伟：《大学生核心价值观的迷失与建构》，《北华航天工业学院学报》2010 年第 1 期。

中国社会科学院社会学所：《中国青年大透视——关于一代人的价值观演变研究》，北京出版社 1993 年版。

中央编译局：《马克思恩格斯选集》，人民出版社 1995 年版。

周宏岩：《理工科大学新生的生命价值观调查与对策分析》，《北京化工大学学报》（社会科学版）2010 年第 4 期。

朱秋飞：《论大学生保护性价值观及其结构》，《当代青年研究》2007 年第 12 期。

朱文彬、赵淑文、郭春彦：《当前大学生价值观的调查研究》，《心理科学》1995 年第 18 期。

专家称"底线失守"已成社会大问题，取自 http：//news. sina. com. cn/c/sd/2011 - 04 - 20/120622326350_ 4. shtml.

Akiba, D. , & Klug, W. , The different and the same：Reexamining East and West in a cross-cultural analysis of values. *Social Behavior and Personality：an international journal*, 1999, 27（5）, pp. 467 - 473.

Anscombe, G. E. M. , Modern moral philosophy. *Philosophy*, 1958, 33, pp. 1 - 19.

Aquino, K. , & Reed, A. , II. , The self-importance of moral identity. *Journal of Personality and Social Psychology*, 2002, 83, pp. 1423 - 1440.

Aquino, K. , Reed, A. II, Stewart, M. , & Shapiro, D. , Self-regulatory identity theory and reactions toward fairness enhancing organizational policies. In S. W. Gilliland, D. D. Steiner, D. P. Skarlicki, & K. Vanden Bos (Eds.), *What motivates fairness in organizations? Research in social issues in management* (pp. 129 – 148) . Charlotte, NC: Information Age Publishing, 2005.

Aquino, K. , Reed, A. , II. , Thau, S. , & Freeman, D. , A grotesque and dark beauty: How the self-importance of moral identity and mechanisms of moral disengagement influence cognitive and emotional reactions to war. *Journal of Experimental Psychology*, 2007, 43, pp. 385 – 392.

Aquino, K. , Freeman, D. , Reed, A. , Felps, W. , & Lim, V. K. , Testing a social-cognitive model of moral behavior: the interactive influence of situations and moral id-entity centrality. *Journal of Personality and Social Psychology* , 2009, 97 (1), pp. 123 – 141.

Arnold, H. J. , & Feldman, D. C. , Social desirability response bias in self-report choice situations. *Academy of Management Journal*, 1981, 24 (2), pp. 377 – 383.

Arrow, K. , *Aspects of the Theory of Risk Bearing*. Helsinki: Yrjö Jahnsson Säätiö. 1965.

Bandura, A. Social cognitive theory: An agentic perspective. *Annual Review of Psychology*, 2001, 52, pp. 1 – 26.

Bardi, A. , & Schwartz, S. H. , Values and behavior: Strength and structure of relations. *Personality and Social Psychology Bulletin*, 2003, 29 (10), pp. 1207 – 1220.

Barnett, J. H. , & Karson, M. J. Personal values and business decisions: An exploratory investigation. *Journal of business ethics*, 1987, 6 (5), pp. 371 – 382.

Baron, J. Semantic components and conceptual development. *Cognition*, 1973, 2, pp. 189 – 207.

Baron, J. , & Spranca, M. Protected Values. *Organizational Behavior and Human Decision Processes*, 1997, 70 (1), pp. 1 – 16.

Baron, J. , & Leshner, S. , How Serious Are Expressions of Protected Values? *Journal of Experimental Psychology: Applied*, 2000, 6 (3), pp. 183 – 194.

Baron, J. , Value Analysis of Political Behavior-Self-Interested-Moralistic-Altruistic-Moral. *University of Pennsylvania Law Review*, 2002, 151, pp. 1 – 32.

Baron, J. , *Rational choice in political behavior*: *Expression vs. consequenes.* Retrieved from http: //citeseerx. ist. psu. edu/viewdoc/summary? doi = 10. 1. 1. 112. 8027. 2004.

Berns, G. S. , Bell, E. , Capra, C. M. , Prietula, M. J. , Moore, S. , Anderson, B. , & Atran, S. , The price of your soul: neural evidence for the non-utilitarian representation of sacred values. *Philosophical Transactions of the Royal Society B: Biological Sciences*, 2012, 367 (1589), pp. 754 – 762.

Birnbacher, D. *Analytische Ein fuhrung in die Ethik.* Berlin: Walter de-Gruyter. 2003.

Blasi, A. , Bridging moral cognition and moral action: A critical review of the literature. *Psychological Bulletin*, 1980, 88, pp. 1 – 45.

Blasi, A. , The development of identity: Some implications for moral functioning. In G. G. Noam, T. E. Wren, G. Nunner-Winkler, & W. Edelstein (Eds.), *The moral self* (pp. 99 – 122) . Cambridge, MA: MIT Press. 1993.

Blasi, A. , Moral functioning: Moral understanding and personality. In D. K. Lapsley & D. Narvaez (Eds.), *Moral development, self, and identity* (pp. 335 – 348) . Mahwah, NJ: Erlbaum. 2004.

Boehnke, K. , Stromberg, C. , Regmi, M. P. , Richmond, B. O. , & Chandra, S. , Reflecting the world "out there": a cross-cultural perspective on worries, values and well-being. *Journal of Social and Clinical Psychology*, 1998, 17 (2), pp. 227 – 247.

Bond, M. H. , How language variation affects inter-cultural differentiation of values by Hong Kong bilinguals. *Journal of Language and Social Psychology*, , 1983, 2, pp. 57 – 66.

Braithwaite, V. A. , & Scott, W. A. , Values. In Robinson, J. P. , Shaver, P. R. & Wrightsman, L. S. Ed. . *Measures of personality and social psychological attitudes.* 1990.

Brennan, G. , & Lomasky, L. *Democracy and decision*: *The Pure theory of e-*

lect-oral Politics. Cambridge: Cambridge University Press. 1993.

Brewer, M. B. , & Gardner, W. , Who is this "we"? Levels of collectivei-dentity and self representations. *Journal of Personality and Social Psychology*, 1996, 71, pp. 83 – 93.

Broad, C. D. , *Five types of ethical theory*. New York: Harcourt, Brace and Co. 1930.

Bruns, K. , Scholderer, J. , & Grunert, K. G. , Closing the gap between values and behavior: A means-end theory of lifestyle. *Journal of Business Research*, 2004, 57 (6), pp. 665 – 670.

Caprara, G. V. , Schwartz, S. , Capanna, C. , Vecchione, M. , & Barbaranelli, C. , Personality and politics: Values, traits, and political choice. *Political Psychology*, 2006, 27 (1), pp. 1 – 28.

Carver, C. S. , & Scheier, M. F. , *On the self-regulation of behavior*. New York: Cambridge University Press. 1998.

Chang, W. C. , Wong, W. K. , & Koh, J. B. K. , Chinese values in Singapore: Traditional and modern. *Asian Journal of Social Psychology*, 2003, 6 (1), pp. 5 – 29.

Chickering, A. W. , & McCormick, J. , Personality development and the college experience. *Research in Higher Education*, 1973, 1 (1), pp. 43 – 70.

Cohen, P. , & Cohen, J. , *Life values and adolescent mental health*. Psychology Press. 1996.

Coleman, J. , *Foundations of social theory*. Cambridge, MA: Harvard University Press. 1991.

Colozzi, E. A. , Depth - Oriented Values Extraction. *The Career Development Quarterly*, 2003, 52 (2), pp. 180 – 189.

Dolan, R. J. Emotion, cognition, and behavior. *Science*, 2002, 298 (5596), pp. 1191 – 1194.

Echter, T. , Kim, U. , Kau, C. V. J. , Li, H. C. , Simmons, C. , & Ward, C. , A comparative study in the levels of human values: People's Republic of China, Singapore, Taiwan, and the United States. *Asian Journal of Social Psychology*, 1998, 1 (3), pp. 271 – 288.

Egri, C. P. , & Ralston, D. A. , Generation cohorts and personal values: A compareison of China and the United States. *Organization Science*, 2004, 15 (2), pp. 210 – 220.

Eyal, T., Sagristano, M. D., Trope, Y., Liberman, N., & Chaiken, S., When values matter: Expressing values in behavioral intentions for the near vs. distant future. *Journal of Experimental Social Psychology*, 2009, 45 (1), pp. 35 – 43.

Feather, N. T., Human values and the prediction of action: An expectancy-valence analysis. In *Expectations and actions: Expectancy-value models in psychology*, Hillsdale, NJ: Erlbaum. 1982b, pp. 263 – 289.

Feather, N. T., Values, valences, and course enrollment: Testing the role of personal values within an expectancy-value framework. *Journal of Educational Psychology*, 1988b, 80, pp. 381 – 391.

Feather, N. T., Values, valences, expectations, and actions. *Journal of Social Issues*, 1992, 48, pp. 109 – 124.

Feather, N. T., Values, valences, and choice: The influence of values on the perceived attractiveness and choice of alternatives. *Journal of Personality and Social Psychology*, 1995, 68, pp. 1135 – 1151.

Ganster, D. C., Hennessey, H. W., & Luthans, F. Social desirability response effects: three alternative models. *Academy of Management Journal*, 1983, 26 (2), pp. 321 – 331.

Gilbert, D., How mental systems believe. *American Psychologist*, 1991, 46, pp. 107 – 119.

Hanselmann, M., & Tanner, C., Taboos and conflicts in decision making: Sacred values, decision difficulty, and emotions. *Judgment and Decision Making*, 2008, 3, pp. 51 – 63.

Higgins, E. T., The "self-digest": Self-knowledge serving self-regulatory functions. *Journal of Personality and Social Psychology*, 1996, 71, pp. 1062 – 1083.

Hitlin, S., & Piliavin, J. A., Values: Reviving a dormant concept. *Annual Review of Sociology*, 2004, 30, pp. 359 – 393.

Hofstede, G., *Culture's consequences: International differences in work related values*. Beverly-Hills. CA: Sage. 1980.

Inglehart, R. , Nevitte, N. , & Basanez, M. , *The North American trajectory*: *Cultural, economic, and political ties among the United States, Canada, and Mexico*. New York: Aldine de Gruyter. 1996.

Irwin, J. R. , & Baron, J. , Response mode effects and moral values. *Organizational Behavior and Human Decision Processes*, 2001, 84, pp. 177 – 197.

Irwin, J. R. , & Baron, J. , Values and decisions. In S. J. Hoch & H. C. Kunreuther (Eds.), *Wharton on making decisions*, 2001, pp. 243 – 257.

Jervis, R. , *Perception and misperception in international politics*. Princeton: Princeton University Press. 1976.

Johnson, E. J. , & Tversky, A. , Affect, generalization, and the perception of risk. *Journal of personality and social psychology*, 1983, 45 (1), pp. 20 – 31.

Kahneman, D. , & Tversky, A. , Prospect theory: An analysis of decisions under risk. *Econometrica*, 1979, 47, pp. 313 – 327.

Karremans, J. C. , Considering reasons for a value influences behaviour that expresses related values: An extension of the value-as-truisms hypothesis. *European Journal of Social Psychology*, 2007, 37 (3), pp. 508 – 523.

Kitwood, T. M. , & Smithers, A. G. , Measurement of Human Values: An appraisal of the work of Milton Rokeach. *Educational Research*, 1975, 17, pp. 175 – 179.

Kristiansen, C. M. , & Hotte, A. M. , Morality and the self: Implications for the when and how of value-attitude-behavior relations. In C. Seligm-an, J. M. Olson, & M. R Zanna (Eds.), *The psychology of values: The Ontario symposium* , Mahwah, NJ: Lawrence Erlbaum. 1996, pp. 77 – 106.

Kruglanski, A. W. , Motivated social cognition: Principles of the interface. In E. T. Higgins & A. W. Kruglanski (Eds.), *Social psychology: Handbook of basic principles* , New York: Guilford Press. 1996, pp. 493 – 520.

Lapsley, D. K. , & Narvaez, D. , A social-cognitive approach to the moral personality. In D. K. Lapsley & D. Narvaez (Eds.), *Moral development, self, and identity* , Mahwah, NJ: Erlbaum. 2004, pp. 189 – 212.

Lerner, J. S. , & Keltner, D. , Beyond valence: Toward a model of emotionspecific influences on judgement and choice. *Cognition & Emotion*, 2000, 14 (4), pp. 473 – 493.

Liberman, N. , & Trope, Y. , The role of feasibility and desirability considerations in near and distant future decisions: A test of temporal construal theory. *Journal of Personality and Social Psychology*, 1998, 75, pp. 5 – 18.

Liberman, N. , Sagristano, M. D. , & Trope, Y. , The effect of temporal distance on level of mental construal. *Journal of Experimental Social Psychology*, 2002, 38, pp. 523 – 534.

Lim, C. S. , & Baron, J. , *Protected values in Malaysia, Singapore, and the United States*. http: // www. sas. upenn. edu/ ~ baron/ lim. Htlm. 2000.

Mackie, J. L. , *Ethics: Inventing right and wrong*. New York: Penguin. 1977.

Maio, G. R. , & Olson, J. M. , What is a "value-expressive" attitude? In G. R. Maio, & J. M. Olson (Eds.), *Why we evaluate: Functions of attitudees* , Mahwah, NJ: Lawrence Erlbaum. 2000, pp. 249 – 269.

Maio, G. R. , Olson, J. M. , Allen, L. , & Bernard, M. M. , Addressing discrepancyes between values and behavior: the motivating effect of reasons. *Journal of Experimental Social Psychology*, 2001, 37 (2), pp. 104 – 117.

Markus, H. , & Kunda, Z. , Stability and malleability of the self-concept. *Journal of Personality and Social Psychology*, 1986, 51, pp. 858 – 866.

Markman, A. & Medin, D. , Decision making. In H. Pashler (Series Ed.) & D. Medin (Vol. Ed.), Stevens' handbook of experimental psychology: Vol. 2. *Memory and cognitive processes* (3rd. , pp. 413 – 466) . New York: John Wiley & Sons. 2002.

McClelland, D. C. , Motive dispositions: The merits of operant and respondent measures. In L. Wheeler (Ed.), *Review of personality and social psychology* , Beverly Hills, CA: Sage. 1980. Vol. 1, pp. 10 – 41.

McClelland, D. C. , Koestner, R. , & Weinberger, J. , How do self-attributed and implicit motives differ? *Psychological Review*, 1989, 96, pp. 690 – 702.

Minsky, M. , *The society of mind*. New York: Simon & Schuster. 1988.

Montgomery, H. , Decision rules and the search for dominance structure: Towards a process model of decision making. In P. C. Humphreys, O. Svenson, & A. Vari（Eds. ）, *Analysing and aiding decision processes.* Amsterdam: North Holland, 1984.

Nussbaum, S. , Trope, Y. , & Liberman, N. , Creeping dispositionism: The temporal dynamics of behavior prediction. *Journal of Personality and Social Psychology*, 2003, 84, pp. 485 – 497.

Pomerantz, E. M. , Chaiken, S. , & Tordesillas, R. S. , Attitude strength and resistance processes. *Journal of Personality and Social Psychology*, 1995, 69, pp. 408 – 419.

Pratt, J. , Risk Aversion in the Small and in the Large. *Econometrica*, 1964, 32, pp. 122 – 136.

Perrewe, P. L. , Hochwarter, W. A. , & Kiewitz, C. , Value attainment: An explanation for the negative effects of work-family conflict on job and life satisfaction. *Journal of Occupational Health Psychology*, 1999, 4（4）, pp. 318 – 326.

Reed, A. , II. , Aquino, K. , & Levy, E. , Moral identity and judgments of charitable behaviors. *Journal of Marketing*, 2007, 71, pp. 178 – 193.

Ritov, I. , & Baron, J. , Reluctance to vaccinate: Omission bias and ambiguity. *Journal of Behavioral Decision Making*, 1990, 3, pp. 263 – 277.

Ritov, I. , & Baron, J. , Protected values and omission bias. *Organizational Behavior and Human Decision Processes*, 1999, 79, pp. 79 – 94.

Ritov, I. , & Baron, J. , Status-quo and omission bias. *Journal of Risk and Uncertainty*, 1992, 5, pp. 49 – 61.

Ritov, I. , & Baron, J. , Outcome knowledge, regret, and omission bias. *Organizational Behavior and Human Decision Processes*, 1995, 64, pp. 119 – 127.

Ritov, I. , Baron, J. , & Hershey, J. C. , Framing effects in the evaluation of multiple risk reduction. *Journal of Risk and Uncertainty*, 1993, 6, pp. 145 – 159.

Rohan, M. J. , A rose by any name? The values construct. *Personality and Social Psychology Review*, 2000, 4（3）, 255 – 277.

Robert A. R. , & Peter, E. , values and work: Empirical Findings and Theoretical Perspective. *Applied Psychology: An International Review*, 1999, 48

(1), 1 - 21.

Rohan, M. J. , & Zanna, M. P. , Value transmission in families. In The psychology of values: *The Ontario symposium*, 1996, 8, 253 - 276.

Rokeach. , *The Nature of Human Values*. New York: The Free Press. 1973.

Royzman, E. B. , & Baron, J. , The Preference for Indirect Harm. *Social Justice Research*, 2002, 15 (2), pp. 165 - 184.

Savage, L. J. , *The Foundations of Statistics*. New York: John Wiley. 1954.

Schultz, P. W. , Gouveia, V. V. , Cameron, L. D. , Tankha, G. , Schmuck, P. , & Franek, M. , Values and their relationship to environmental concern and conservation behavior. *Journal of Cross-Cultural Psychology*, 2005, 36 (4), pp. 457 - 475.

Schwartz, S. H. , Universals in the content and structure of values: Theoretical advances and empirical tests in 20 countries. In M. Zanna (Ed.), *Advances in experimental social psychology*. New York: Academic Press. 1992, pp. 1 - 65.

Sheikh, H. , Ginges, J. , Coman, A. , & Atran, S. , Religion, group threat and sacred values. *Judgment & Decision Making*, 2012, 7 (2), pp. 110 - 118.

Simon, L. , Greenberg, J. , & Brehm, J. , Trivialization: The forgotten mode of dissonance reduction. *Journal of Personality and Social Psychology*, 1995, 68, pp. 247 - 260.

Simpkins, S. D. , Pamela, D-K. , & Eccles, J. S. Math and science motivation: A longitudinal examination of the links between choices and beliefs. *Developmental Psychology*, 2006, 42 (1), pp. 70 - 83.

Skitka, L. J. , Do the means always justify the ends or do the ends sometimes justify the means? A value protection model of justice. *Personality and Social Psychology Bulletin*, 2002, 28, pp. 452 - 461.

Skitka, L. J. , & Mullen, E. , Understanding judgments of fairness in a real world political context: A test of the value protection model of justice reasoning. *Personality and Social Psychology Bulletin*, 2002b, 28, pp. 1419 - 1429.

Skitka, L. J. , Of different minds: An accessible identity model of justice reasoning. *Personality and Social Psychology Review*, 2003, 7, pp. 286 – 297.

Skitka, L. G. , Bauman, C. W. , & Sargis. E. G. , Moral Conviction: Another Contributor to Attitude Strength or Something More? *Journal of Personality and Social Psychology*, 2005, 88 (6), pp. 895 – 917.

Smith, M. , *The moral problem*. Oxford, England: Blackwell. 1994.

Stone, J. , Wiegand, A. W. , Cooper, J. M. , & Aronson, E. , When exemplification fails: Hypocrisy and the motive for self-integrity. *Journal of Personality and Social Psychology*, 1997, 72, pp. 54 – 65.

Super, D. E. , *The Psychology of Careers*. New York: Harper. 1957.

Super, D. E. , A Life-span, life-space approach to career Development. *Journal of Occupational Psychology*, 1980, 52, pp. 129 – 148.

Tanner, C. , & Medin, D. L. , Protected values: No omission bias and no framing effects, *Psychonomic Bulletin and Review*, 2004, 11, pp. 185 – 191.

Tanner, C. , Medin, D. L. , & Iliev, R. , Influence of deontological versus consequentialist orientations on act choices and framing effects: when principles are more important than consequences. *European Journal of Social Psychology*, 2008, 38, pp. 757 – 769.

Tanner, C. , Bettina, R. , & Hanselmann, M. , Geschützte Werte Skala: Konstruktion und erste Validierung eines Messinstrumentes (Sacred Value Measure: Construction and first validation of an instrument to assess sacred values. *Diagnostica*, 2008, 55 (3), pp. 174 – 183.

Tanner, C. , Ryf, B. , & Hanselmann, M. , Geschützte Werte Skala: Konstruktion und erste Validierung eines Messinstrumentes (Sacred Value Measure: Construction and first validation of an instrument to assess sacred values, *Diagnostica* forthcoming. 2008.

Tesser, A. , & Cornell, D. P. , On the confluence of self processes. *Journal of Experimental Social Psychology*, 1991, 27, pp. 501 – 526.

Tetlock, P. E. , Coping with trade-offs: Psychological constraints and political implications. In S. Lupia, M. McCubbins, & S. Popkin (Eds.), *Political reasoning and choice*. Berkeley: University of California Press. 1999.

Tetlock, P. E. , Thinking the unthinkable: Sacred values and taboo cognitions. *Trends in Cognitive Sciences*, 2003, 7, pp. 320 – 324.

Tetlock, P. E. , Kristel, O. V. , Elson, S. B. Lerner, J. S. , & Green, M. C. , The psychology of the unthinkable: Taboo trade-offs, forbidden base rates, and heretical counterfactuals. *Journal of Personality and Social Psychology*, 2000, 78, pp. 853 – 870.

Torelli, C. J. , & Kaikati, A. M. , Values as predictors of judgments and behaviors: The role of abstract and concrete mindsets. *Journal of Personality and Social Psychology*, 2009, 96 (1), pp. 231 – 247.

Triandis, H. C. , Bontempo, R. , Betancourt, H. , Bond, M. , Leung, K. , Brenes, A. , & Montmollin, G. D. , The measurement of the etic aspects of individualism and c-ollectivism across cultures. *Australian journal of Psychology*, 1986, 38 (3), pp. 257 – 267.

Turiel, E. , *The development of social knowledge: Morality and convention.* Cambridge University Press. 1983.

Verplanken, B. , & Holland, R. W. , Motivated Decision Making: Effects of Activation and Self-Centrality of Values on Choices and Behavior. *Journal of Personality and Social Psychology*, 2002, 82 (3), pp. 434 – 447.

Von Neumann, J. , & Morgenstern, O. , *Theory of games and economic behavior.* Princeton: Princeton University Press. 1944.

Watkins, L. , & Gnoth, J. , Methodological issues in using Kahle's list of values scale for Japanese tourism behaviour. *Journal of Vacation Marketing*, 2005, 11 (3), pp. 225 – 233.

Wojciszke, B. , The system of personal values and behavior. In N. Eisenberg, J. Reykowski, & E, Staub (Eds.), *Social and moral values: Individual and societal perspectives* , Mahwah, NJ: Lawrence Erlbaum. 1989, pp. 229 – 251.

附录 1：开放式调查问卷

同学：

　　您好！为了更好地了解大学生的价值观状况，我们正在进行一个关于价值观的调查研究，请您根据自己的理解回答下列问题，尽可能地多答，您的回答无对错之分，您的回答将给我们的研究带来很大的帮助。

　　在人们的价值观中，专家们认为存在一类特殊的价值观——保护性价值观。**这种价值观所指示的客体拒绝与其他任何价值相交易，尤其拒绝与经济价值（如金钱）进行交易。**通俗地讲就是无论带来多大利益，人们都不会违背或者无论牺牲多大利益，人们都会坚守的某些观念。

　　例如：对某些人而言，在任何情况下都不会拿自己的生命去和别的价值进行交换，那么在他们的价值观体系中生命就属于受保护的。

　　请填写您的个人信息：性别：_____　年级：_____　专业：_____

　　请您回答下面的问题：

　　1. 您自身有哪些特征、特质或行为是受保护的？请举例

　　_____

　　_____

　　2. 在与他人进行交往时（如老师、同学等），您有哪些观念或行为是受保护的？请举例

　　_____

　　_____

　　3. 在学习过程中，您有哪些观念或行为是受保护的？请举例

　　_____

　　_____

4. 在与自然界相处的过程中，您有哪些观念或行为是受保护的？请举例

_____

_____

5. 在与社会交往过程中，您有哪些观念或行为是受保护的？请举例

_____

_____

6. 除了上面领域中提到的受保护的观念或行为之外，您还有哪些观念或行为是受保护的？请补充

_____

7. 这些保护性价值观是怎么形成的？来源于哪里？

_____

_____

_____

8. 这些保护性价值观对您的日常生活、行为有什么影响？

_____

_____

_____

_____

附录2：访谈提纲

一　访谈目的

了解当前大学生所持有的保护性价值观及其对个体的影响，挖掘其形成的原因。

二　访谈提纲

首先介绍访谈者的身份以及所属单位、访谈目的、保密承诺等相关内容。

1. 在你的思想观念中，有没有在任何情况下你都不会违背或极力进行保护的观念？请举例。这些观念会在哪些行为中表现出来？

2. 在与他人进行交往的过程中，比如老师和同学，是否也存在这样的观念？有哪些行为表现？这些观念对你的交往产生了哪些影响？请举例说明。

3. 学习是大学生的主要任务，那么在学习过程中是否也存在类似的观念？有哪些行为表现？这些观念对你的学习产生了哪些影响？请举例说明。

在大学校园中，尽管采取了很多措施，如签订诚信协议等，但考试作弊现象仍然存在，对此你怎么看？

4. 作为社会公民，大学生势必要更多地参与社会生活，承担社会角色和社会责任。那么在大学生参与社会生活的过程中，有哪些观念是绝对要保护的？有哪些具体行为表现？这些观念对你产生了怎样的影响？请举例说明。

5. 在求职就业过程中，你有哪些观念和行为是绝对不能违背的？

请举例。

6. 近年来我国发生了不少与生态环境有关的事件，如紫金矿业污染鱼塘事件、松花江污染等，对此你怎么看？你认为在对待自然环境的过程中，有哪些观念是必须要保护的？有哪些行为是绝对不能容忍的？为什么？

7. 随着科技水平的提高，在科技领域出现了越来越多的新生事物，如克隆人、转基因等。那么你如何看待这些新生事物？有哪些科技成果或行为是你绝对不能接受的？为什么？

8. 在现代社会，越来越多的人为了追求经济利益，而放弃了做人的底线，如唐骏学历造假等，你对此怎么看？你认为做人的底线应该包括哪些？

9. 在中国的传统文化中，有哪些行为是绝对禁止的？有哪些观念是绝对应该受到保护的？为什么？

10. 还有哪些行为或观念是绝对应该受到保护的，请补充。

附录3：访谈记录（节选）

指导语：同学您好！我是中国青年政治学院的研究人员，现在正在进行一项有关大学生价值观状况的研究，非常感谢您能接受我的访谈。我们本次访谈的目的是了解一下当前大学生的保护性价值观情况。在访谈开始前，我先给您简单介绍一下什么是保护性价值观。在以往的价值观研究中，专家们一致认为在人们的头脑中存在一类特殊的价值观——保护性价值观。这种价值观所指向的客体**拒绝与其他任何价值相交易，尤其拒绝与经济价值（如金钱）进行交易**。通俗地讲就是无论带来多大利益，人们都不会违背或者无论牺牲多大利益，人们都会坚守的某些观念。在访谈过程中我们会向您提出一些有关这方面内容的问题，希望您可以根据自己的实际情况来回答。我们向您承诺，对于访谈中涉及的有关您的个人信息会得到全面保护绝不外泄。再次感谢您对我们研究的支持和帮助。

问：在你的思想观念中，有没有在任何情况下你都不会违背或极力进行保护的观念？请举例。这些观念会在哪些行为中表现出来？

答：不能违背或极力进行保护的观念？让我想想。我觉得还是有一些的，不知道算不算是你说的保护性价值观。比如，在任何情况下我都不会让自己的生命受到威胁。无论这个人给我多少的金钱，让我去给他卖命，比如现在有的人为了一些金钱，替他人捎带毒品入境。这样的事情我肯定不会去干的，这不仅是违法的，而且对自己的生命、自由都是一个威胁。我觉得为了钱去送命，或者有送命的危险，不值得。还有就是如果一些事情会威胁自己的身体健康，那我也肯定不会去干。比如，在找工作的时候，有一些化工类的企业能提供比较高的报酬，我们班有些同学就考虑去这些企业工作。但我有自己的考虑，尽管这些企业提供的工资比其他企业高，但我担心干这样的工作，会对自己的身体造成损害。在工作过程中产生的一些废弃、化学废料可能对人体有害。当然，公司来招聘的时候会承诺保证工作条件的安全或者定期体检等，但我觉得不怕一万，就怕万一。人的身体健康比什么都重要，为了多赚点钱而冒着损害身体健康的危险不值得，所以损害身体健康的事情我也不会去做的。您刚才还问到了这些保护性观念的行为表现，刚才我好像也提到了一些。就是这些保护性观念肯定是我行为的一个底线和原则。如果让我选择的事情触及了我的这些原则，我肯定会拒绝的。

问：嗯，很好！刚才你提到了生命和身体健康的保护性价值。那么你在与他人进行交往的过程中，比如父母、老师、同学等，是否也存在这样的观念？有哪些行为表现？这些观念对你的交往产生了哪些影响？请举例说明。

答：我考虑一下。也应该有类似的观念。比如，在我和父母的交往中，我觉得要感恩、要孝敬父母，绝对不能抛弃或者嫌弃父母。我是来自农村的，父母能供养我读到大学非常不容易，他们省吃俭用供我上学，而自己却吃得差、穿得差。所以我们都应该感恩父母，记住父母的恩情，将来好报答他们。我最看不惯嫌弃父母的同学了。我们同学中就有这样的人，前几天我的一个同学，家也是农村的，她父母打算趁着假期来北京看看她，顺便也在北京逛逛。但她就是不让她的父母来，找各种各样的理由拒绝。我觉得其实是这个同学怕别人知道她的父母是农村的，看不起她，所以才不让她的父母来。以前的时候，媒体、报纸上也报道过类似的事情，我看了后也很生气。父母供养我们这么不容易，怎么能嫌弃父母呢？而且，在我们农村中有很多的老人老了无所依靠，七八十了还下地干活，生病了也没人管，其实他有很多的子女，儿子就好几个，但都不养老、不孝敬老人。而且，我还发现一个现象，越是儿子或子女多的农村老人，养老就越麻烦。不知道您发现这种现象没有。至于说到和老师的交往是不是也存在保护性价值观，我觉得对待老师无论任何情况都应该尊敬老师。包括学生守则中不也提尊敬师长吗？老师在某种程度上是我们的第二父母，他教给我们知识，教会我们如何做人。所以，我们应该无条件地尊敬老师。现在在学校里有一种现象，我特别气愤，就是学生经常会向老师提一些过分的要求，比如考试前让老师划范围了，要求老师少布置作业了，要求老师提供 ppt 了等。如果老师不能满足他们的意愿，这些学生就表现得非常不满意，而且还私下里骂老师。这样的学生我觉得素质非常差。还有些学生考试没通过后私下里找老师去求情，我觉得实际都是不尊重老师的表现。在我的观念中，反正在任何情况下都应该保持对老师应有的尊重，即使老师讲课讲错了，也不应该说三到四，对老师不礼貌。

问：刚才你说得很好，很多情况我也听说或遇到过。那么，我们知道学习是大学生的主要任务，那么在学习过程中你是否也存在类似的观念？有哪些行为表现？这些观念对你的学习产生了哪些影响？请举例说明。

答：在学习过程中，我暂时没想到类似的观念。但我想到了一个事情，不知道算不算学习过程中的。就是考试作弊问题。我是肯定不会在考试中作弊的，即使我这门课有可能考试不及格。我觉得考试作弊纯粹是自欺欺人，你学习又不是给老师学的，又不是为了通过考试，何必要冒着被抓住的危险去作弊呢？而且，现在学校对作弊的处罚非常严厉，抓住作弊后就取消学位，损失可就大了。再说，即使你考试不及格，还可以在以后重新修这门课呀，不就是再学一遍吗？我们现在考试都要求签订诚信协议，当然我认为这种协议对作弊的效果不大，该作弊的还是作弊，不想作弊的不签协议也肯定不会作弊。但我觉得如果你签订了这个协议，你就相当于做出了一个承诺，你就应该认真遵守，而不是去违背。这是一个做人的原则问题。现在社会上都在讲诚信，无论做任何事情都应该讲诚信。所以，我觉得对于大学生来讲，诚信应该从拒绝考试作弊开始。另外，我觉得如果一个人在大学期间都不诚信，那么到了工作岗位上，走上社会，也会不诚信。这种不诚信的做法一次两次可能用人单位不能发现，但总有发现的一天，那么一旦发现，你这个人的信誉也就完了。所以，考试不作弊、诚信做人，每一个大学生都应该遵守。

问：刚才你提到了考试作弊的问题。在大学校园中，尽管采取了很多措施，如签订诚信协议等，但考试作弊现象仍然存在，对此你怎么看？

答：我觉得这既与我们国家的整个社会风气有关，也与个人的选择有关。现在，我们国家还没有建立起一个诚信的氛围，通过欺骗、投机能够获得利益，所以不诚信的现象就有了存在的市场。而且这种不诚信的行为还大量地存在于政府部门、官员中。这就形成了一个示范效应。

老百姓会想，政府都不诚信、官员都造假，我们为什么要讲诚信。这样就导致了一种恶性循环。这种社会风气当然也会影响到大学校园，影响到大学生，就导致了考试作弊的盛行。当然，反过来一想，那为什么有的学生不作弊呢？我觉得还涉及另一个问题，就是个人的选择问题。刚才我也说了，有的人签了诚信协议仍然作弊，有的人不签诚信协议仍然不作弊，就是这个意思。关键还是个人的坚守问题。我肯定不会为了考试通过或取得好成绩就去作弊的。

问：刚才你提到了一个在校园中屡禁不绝的考试作弊问题。这肯定与我们当前整个社会的大环境有关系。那么，作为社会公民，大学生势必要更多地参与社会生活，承担社会角色和社会责任。那么在大学生参与社会生活的过程中，有哪些观念是绝对要保护的？有哪些具体行为表现？这些观念对你产生了怎样的影响？请举例说明。

答：我们大学生肯定也是社会的一员，最终要走向工作岗位，成为社会的一分子。在进入社会后，我觉得也有一些观念或原则是绝对不能破坏或违反的。比如，刚才我说的诚信问题，我觉得在社会中这也是做人的一个基本原则，不能违反或破坏。再有的一个保护性的观念就是遵纪守法。我觉得作为一个社会公民，遵纪守法是前提和基础。如果人人都不遵纪守法，那么这个社会肯定就乱套了。大学生又是受过高等教育的，应该是素质高的一个群体，更应该带头遵纪守法，起到表率作用。但其实挺可笑的，很多受过高等教育的人到了社会上却知法犯法，包括最近炒得沸沸扬扬的药家鑫事件。真不明白这个人脑子进水了还是怎么的？这可能是富二代、官二代的通病吧，难以理解。所以，只有人人都遵纪守法，这个社会才一个正常的社会，否则就不正常。还有，我认为除了遵纪守法之外，大学生走向社会后还应该遵守社会公德，在这方面做出表率。你违了法有法律会制裁你，但你违反了社会公德，就没有什么强制性的东西来制裁你了，只能靠你的自觉。我觉得这才反映出一个人的素质。像参观游览的时候买票要排队、坐公交主动让座等，这样的事情尽管是小事，但都应该遵守。实际上，遵守社会公德对我们来说只有好处没有坏处。比如，在北京现在也正在大力倡导的排队上公交。原来的时候公交一来，大家都挤在一起，结果是大家都上得很慢。如果大家都排队上车呢，速度反而会更快。这样一比较，反而遵守社会秩序能够提高社会的效率。现在，我们社会还没有形成人人都遵守社会公德的共识，关键是人们都不把社会公德当回事，其实我觉得就是我们还没有形成关于社会公德的保护性价值观念。在我看来，这种观念也不是一朝一夕就能形成，可能需要几十年、甚至上百年的努力。发达国家到现在这个水平，不是也经过了上百年的努力吗？所以，我觉得还是要一步一步来。但是，大学生应该起到带头作用，这样可能会更快一点。

问：我也同意你刚才说的大学生应该在遵守社会公德方面发挥带头作用。现在，你们也要面临就业，那么，在求职就业过程中，你有哪些观念和行为是绝对不能违背的？能举几个例子吗？

答：在找工作的事上，应该也有类似的保护性价值观念。我想一下。我举一个例子，现在大学生毕业的非常多，就业非常困难。用人单位一般都是根据简历来搜集人才，然后再通知本人面试等。而且，我了解的情况是简历非常重要，你的简历能够吸引用人单位的注意，你才有可能得到面试机会。这样的话就造成一个问题。很多大学生简历造假，虚构简历，我的应聘的同学中也有这样的情况。比如，有的同学他会根据用人单位的用人条件来量身定做简历。如果用人单位要求应聘者必须担任学生干部，那么他就在简历中给自己虚构一个学生干部的身份，实际上他根本就没有担任过这个职务。还有的用人单位要求应聘者有工作或实习经历，那么有的同学他就会在简历中给自己虚构很多的实习或工作经历。当然，我理解他们的做法，毕竟能够获得一个面试机会太不容易了。但我不赞同这种做法，这实际上是一种做人的不诚信，如果用人单位知道了，它还会招聘这样的大学生吗？我想肯定不会。但是，这种简历造假的事又没法鉴别，比如担任学生干部还不是应聘者自己说了算，用人单位又不会去真查。以前不是媒体还报道过在简历中发现同一个班中出现了好几个班长的事吗。不管怎样，都不应该在求职简历中造假，实际上这也是一个诚实做人的底线。

问：近年来我国发生了不少与生态环境有关的事件，如紫金矿业污染鱼塘事件、松花江污染等，对此你怎么看？你认为在对待自然环境的过程中，有哪些观念是必须要保护的？有哪些行为是绝对不能容忍的？为什么？

答：你刚才提到的事件我也听说过，比如紫金矿业污染事件影响就非常大，造成了那么大的损失，真是可惜。我觉得，发生这样的事情肯定跟公司管理不严格有关。不仅仅是这样的矿业公司，现在社会各行各业不都存在管理不严格的问题吗？比如食品行业，那么多的食品安全事件，你叫老百姓怎么办？刚才说到公司管理不严格导致发生污染事件，我觉得最根本的还是公司管理者没有认识到环保的重要性，他如果认识到环保的重要性，他在管理公司时肯定会在这方面制定严格的管理制度。所以最关键的还是管理者的思想观念，是不是真的将环保作为公司发展过程中的一个底线。绝不允许为了赚钱就置他人的生命、财产安全于不顾，我觉得这相当不道德。另外，这也与整个社会的评价体系和导向有关系。这个紫金矿业好像是央企吧？对不对？现在我们国家对这些企业的要求一般都是你上缴了多少利润，你的纳税是多少，根本不会考核你这个企业发生了多少次安全事故、造成了多大的不良影响等等类似的不好的东西。这就跟官场中的唯 GDP 论一样，在这样的指挥棒下，公司的管理者肯定就只顾抓公司的生产经营了，而不会关注公司是否做到了环保生产等类似的内容。其实，不仅仅是公司出现了很多的环保问题，在我们的身边也存在很多的污染环境的行为。只不过我们认为是一些小事，不太关注罢了。

问：那你能举几个身边的例子吗？

答：可以。比如，随地乱丢垃圾、随地吐痰，这样的现象，我相信每个人都做过。那么为什么没有引起我们的注意呢？我觉得是因为我们觉得这样的事情都是小事，跟环境保护联系不大。其实这就是我们的思想观念出了问题。我们并没有意识到保护环境的重要性，这也可能就是你说的保护性价值观。所以在这样的思想的指导下，我们才不认为随地吐痰、乱扔垃圾这样的事情是什么大不了的事情。你能说我们不知道环境保护的重要性吗？我们肯定知道，接受了这么多年的教育，这点观念我们还是有的。但是，落实到行为上可能还要有一个过程。人很多时候知道的并不一定就会去做，就是知行不一致。我觉得也可能是我们没有见到或者体验到污染环境给我们带来的影响或危害。如果我们能亲身体验到环境污染给我们带来的不便，我想我们一定会约束我们的行为。

问：随着科技水平的提高，在科技领域出现了越来越多的新生事物，如克隆人、转基因等。那么你如何看待这些新生事物？有哪些科技成果或行为是你绝对不能接受的？为什么？

答：我对克隆人倒不是太清楚，但我对转基因知道些。因为我在超市买东西的时候，比如大豆油，很多都标着转基因的。不太了解的情况下我一般都不会买转基因的。因为，你从字面上了解就会觉得转基因是一件很可怕的事。吃了这样的油，会不会改变人的基因？我不知道。不过国家既然批准了，我想应该没有那么可怕。不过这个东西还是要谨慎。克隆人也一样，最开始的时候好像是克隆胚胎，后来克隆羊。这些我倒都能接受，但克隆人我绝对接受不了。你想，如果万一哪天你被克隆了，你该怎么办？大家怎么区分？这个社会不就乱套了吗？其实，我觉得这里面涉及一个科技伦理的问题。我知道很多的科技项目都要进行伦理的审查，这其实就是提示我们有一些研究是不能随意进行的。因为你无法预知这些科技成果会给社会带来哪些问题，在我们无法控制他的时候，我们只能选择禁止。类似于克隆人这样的事情，我是绝对不能接受的，什么时候你能控制他的危害了，你再来弄也不迟。还有一些很尖端的武器，比如一些生化武器，我觉得都不应该研制。因为你研制这些东西的目的只有一个，就是毁灭人类，而不是为了让人类有更好的发展。所以，类似的东西都不应该有市场。但是现在的情况都不好说，我反正挺悲观的，几百年后说不定人类就不存在了也不一定。我觉得在社会的发展过程中一定要处理好与自然的关系。不仅仅是指保护环境，还要遵循自然规律。以前的时候都特别强调人的作用，讲人定胜天，结果闹出了很多笑话，例如大跃进。现在社会发展到这个阶段，我觉得应该特别注意与自然的和谐相处，不能违背自然规律，不能违背人的自然本性。

问：不知道你注意过没有，现在媒体上揭露了很多名人造假、欺骗的案例，如唐骏学历造假等。在现代社会，越来越多的人为了追求经济利益，而放弃了做人的底线，你对此怎么看？你认为做人的底线应该包括哪些？

答：我知道唐骏学历造假，唐骏也曾经是我的偶像。但我知道了这个事情后，他在心中的形象就毁了，我这个人眼里揉不得沙子，绝对不允许别人欺骗自己。所以，我对唐骏造假挺失望的。我觉得唐骏学历造假这事对我们大学生危害还是挺大的，因为我们很多同学都是唐骏的粉丝，觉得他能在国际大公司中担任高管，证明了中国人的能力，挺为他自豪的。其实，他完全没必要造假，因为他能干到那么高的职位，本身就说明了自己的能力。也许是因为虚荣心作怪吧。唐骏学历造假的事给我提了个醒，就是不能盲目地崇拜名人，名人也有灰暗的一面。这其实也是对所有大学生提了个醒。大学生一定要有分辨能力，不能盲从。至于做人的底线，我觉得做人至少应该具备正直、诚信、遵纪守法、遵守公德、不伤害他人这几项最基本的素质，这应该是我做人的底线。

问：我们知道中国经历了 5000 年的文明，有着悠久灿烂的传统文化。那么在中国的传统文化中，有哪些行为是绝对禁止的？有哪些观念是绝对应该受到保护的？为什么？

答：中国的传统文化中我觉得有很多观念都是非常值得提倡的，也是应该得到保护的。比如，《论语》、《三字经》中有很多的观念和思想，我知道有"老吾老以及人之老，幼吾幼以及人之幼"、"以诚待人"、"三人行必有我师焉"等类似的名言，实际上都强调了尊老爱幼、诚信、谦虚这些优秀的品质。我觉得这些东西我们在现在都应该继续保持和发扬。尤其是市场经济高度发展的今天，这些优秀的传统文化更应该提倡。而且我发现，以前的一些优秀的传统文化中的观念，在现在社会，特别是在大学生中都变淡甚至消失了。你比如，诚信，刚才我也举了很多的例子，包括考试作弊等。

问：那你觉得变淡的原因是什么？

答：我觉得原因肯定是多方面的。但我认为有一个原因肯定与这有关系，就是在大学中对这些优秀的传统文化的介绍很少。包括我们现在学习的课程，很少有专门介绍传统文化的，大部分课程是一些实用类的课程，如计算机、英语等。因为大学中这样的课程少，所以同学们就对传统文化很难有深入的了解，再加上我们本身学习的压力和任务都很大，所以就对这些传统文化更不关心了。这就导致这些优秀的思想观念很难成为我们行动的一个指导。所以，我觉得现在我们的大学应该多开一些介绍中国传统文化的课程，不能太功利了。我知道现在有一些高校都在开国学课，我觉得挺好的。只有大家都了解中国的传统文化，认识到他的意义和价值，才能够真正成为我们行为的准则。

问：除了以上提到的一些内容，那么你认为还有哪些行为或观念是绝对应该受到保护的，请补充。

答：我再补充一点，我刚刚想到。现在在大学生中还有一种不好的现象，可以说是丑恶的现象，就是一些女大学生为了金钱甘愿被包养，甚至还主动要求被包养。以前媒体中不是还曝出某大学女大学生包养的价格表吗？我觉得作为一个大学生做出这样的事情太不应该了。当然，有的大学生可能是因为贫困，为了正常完成学业，而出此下策。但赚钱的渠道有很多，比如勤工俭学、做家教等，你为何要做这个呢？唯一的解释就是做这种东西来钱快，可以少吃苦。更有些大学生其实不缺钱，甚至比一般的大学生还要富有。他们做这个主要是为了生活得更舒服吧。大学生为了金钱出卖自己的人格，我觉得绝对不能接受。

问：那你觉得原因是什么？

答：我觉得现在整个社会就是一个笑贫不笑娼的社会，在社会风气的影响下，大学生的观念发生了偏差，这是一个重要原因。另外，还是要从大学生自身来找原因，也有很多女大学生自力更生，靠勤工俭学来养活自己、完成学业。我们同学中就有这样的，我很佩服他们。所以，我觉得归根结底还是大学生个人的价值观念出了问题。你觉得做这个对你没什么，那你肯定就会放松对自己的要求；如果你觉得做这个是一件绝对不能容忍的事，那给你多少钱你也肯定不会去做的。所以，我觉得一定要从自身去找原因。

问：好，今天的访谈就到这里吧。您提供了很多对我们研究来说非常有价值的资料和信息，谢谢您接受我们的访谈，再见！

附录4：大学生保护性价值观初始问卷

指导语：以下列出了社会上的一些行为或现象。假如该行为能带来足够大的利益，你是否赞同该行为？请按照自己的真实想法回答下列题目，并在相应的数字上打√。**数字越大代表越赞同该行为，数字越小代表越反对该行为。**

题目	坚决反对	反对	不确定	赞同	非常赞同
1. 买卖人体器官	1	2	3	4	5
2. 克隆人	1	2	3	4	5
3. 求职简历造假	1	2	3	4	5
4. 破坏历史古迹	1	2	3	4	5
5. 为工作失去尊严	1	2	3	4	5
6. 过度开发地下资源	1	2	3	4	5
7. 与父母吵架	1	2	3	4	5
8. 正义	1	2	3	4	5
9. 随地吐痰	1	2	3	4	5
10. 婚前性行为	1	2	3	4	5
11. 窥探他人隐私	1	2	3	4	5
12. 考试作弊	1	2	3	4	5
13. 踩踏草坪	1	2	3	4	5
14. 公交不让座	1	2	3	4	5
15. 坑蒙拐骗	1	2	3	4	5
16. 公正	1	2	3	4	5
17. 加塞不排队	1	2	3	4	5
18. 婚外情	1	2	3	4	5

续表

题目	坚决反对	反对	不确定	赞同	非常赞同
19. 公平	1	2	3	4	5
20. 损害国家利益	1	2	3	4	5
21. 虐待动物	1	2	3	4	5
22. 对朋友撒谎	1	2	3	4	5
23. 代孕	1	2	3	4	5
24. 遇挫自杀	1	2	3	4	5
25. 毕业生毁约	1	2	3	4	5
26. 出卖客户资料	1	2	3	4	5
27. 排放污水	1	2	3	4	5
28. 同学间不正当竞争	1	2	3	4	5
29. 守法	1	2	3	4	5
30. 不赡养父母	1	2	3	4	5

附录5：大学生保护性价值观
正式调查问卷

亲爱的同学：

您好！为了了解当代大学生的价值观状况，我们开展了这次问卷调查，希望得到您的支持。请您仔细阅读以下问题，根据自己的理解做出选择。答案没有好坏、对错之分，请就您实际的想法和感受来回答每一题项，以免形成废卷，浪费您所提供的宝贵信息。谢谢您的合作！

问卷作答注意事项：

1. 本调查分为问题卷和答题卷两部分，请直接将答案填写在答题卷上，不要在问题卷作答。

2. 在回答问题时，请就您"自己"的观念、想法和感受来回答即可，无需考虑"社会大众或他人"的观念、想法和感受。

3. 请就您看到题目后的第一反应来回答每一题项即可，不需考虑太久。

4. 请认真阅读问题卷和答题卷前的说明，不要漏答任一问题。

请选择您的基本情况：（在相应选项前的数字上画○）

1. 性别：　1. 男；2. 女
2. 年级：　1. 大一；2. 大二；3. 大三；4. 大四
3. 专业：1. 文科；2. 理科；3. 工科
4. 进入大学前居住地：1. 农村；2. 县城；3. 地级市；4. 省会或直辖市；5. 其他
5. 父亲学历：1. 文盲；2. 小学；3. 初中；4. 高中；5. 大学（大专）；6. 研究生及以上
6. 母亲学历：1. 文盲；2. 小学；3. 初中；4. 高中；5. 大学（大

专）；6. 研究生及以上

　　7. 对比当地基本情况，您认为您的家庭经济状况：

　　1. 很差；2. 比较差；3. 一般；4. 比较好；5. 很好

问题卷

　　请根据自己的真实想法回答你对答题卷中各问题的看法，数字越大代表你越同意该看法，数字越小代表你越不同意该看法，请将相应的数字填写在答题卷上，不要在此卷作答。

	非常不同意					非常同意
1. 无论获得多大利益，我们都不应该这样做。	1	2	3	4	5	6	7
2. 这个问题不能用金钱来衡量。	1	2	3	4	5	6	7
3. 我认为在这个问题上进行成本—收益分析是合适的。	1	2	3	4	5	6	7
4. 在这个问题上包含着不可侵犯的价值。	1	2	3	4	5	6	7
5. 在这个问题上如果需要，我可以灵活对待。	1	2	3	4	5	6	7

答题卷

　　以下列出了社会上的一些行为或现象。请按照自己的真实想法，针对每个题目描述的行为，回答"问题卷"中的 5 个问题。请将您所选择的数字填入每个题目后面相应的 5 个空格中。

	问题 1	问题 2	问题 3	问题 4	问题 5
1. 买卖人体器官					
2. 求职简历造假					
3. 破坏历史古迹					
4. 为工作失去尊严					

续表

	问题1	问题2	问题3	问题4	问题5
5. 过度开发地下资源					
6. 见义勇为					
7. 随地吐痰					
8. 窥探他人隐私					
9. 考试作弊					
10. 权钱交易					
11. 加塞不排队					
12. 婚外情					
13. 徇私舞弊					
14. 损害国家利益					
15. 虐待动物					
16. 遇挫自杀					
17. 出卖客户资料					
18. 排放污水					
19. 同学间不正当竞争					
20. 不赡养父母					

附录6："自我聚焦"实验材料

阅读能力倾向测试

指导语：你好。下面是一项阅读能力倾向测试，本测试旨在测量你的汉语语言阅读能力倾向。请仔细阅读一遍下面的旅游小故事，然后重新阅读该故事，同时将故事中出现的我、我们、我们的、自己（"他"、"他们"、"她"、"他或她的"）用"○"标出。谢谢！

旅游小故事

十一黄金周刚过，在这个有着骄好阳光的午后，断桥边、白堤畔如潮的游客正逐渐地退去，A信步闲走在湖畔的垂柳下，看着游动的画舫，遥望着远处的雷峰塔，悠然自得。经历了七天游客喧嚣的包围，西湖也开始日益恢复它平日婉约隽秀的宁静，A陶醉在这些已经看了55年的风景里。她说，55年走了那么多地方，可是最流连忘返于其间的，还是西湖，还是杭州。

A是1949年杭州解放后第三天出生的一个普普通通的杭州人，说到旅游，她的话题滔滔不绝："我小的时候，'旅游'这个字眼可谓闻所未闻，是啊，那个时候温饱问题都还没有得到切实的解决，我们哪来的如此闲情逸致呢？等到懵懂的青少年时期，我从一些外国文艺名著中看到这种休闲方式，我打心底里着实地好奇和艳羡，可是我也只能把这种心态小心地隐藏起来，这种浪漫的'小资产阶级情调'，在当时可是被批判和鄙视的"。与多数人一样，A真正意义上的旅游也就是在1980年以后，在她家的相册上，看到1980年以前旅游时拍的照片，几乎没有跑出西湖方圆20里的范围。直到1973年上半年，F和几个同学从南京去北京，原本抱着浪漫的憧憬，出去走走看看玩玩，可是当时条件所限，等了一星期也买不到火车票，使得大家出游的兴致大打折扣。后来从上海回杭州，同样也买不到票，无奈几个同学只好咬咬牙一起从上海往杭州走，走走停停 4 天半，大家已经筋疲力尽，好容易拦下了一辆过路车，这才回了家，一路上的好心情都被这旅途的不便破坏得一塌糊涂，哪里还谈得上"看看玩玩"？如此麻烦，如此懊恼，这就是 A 在那个特定的年代对"旅游"唯一的感受。

20 世纪 80 年代以后，生活水平提高了，她的"旅游"梦想，又开始蔓延起来。她走出了西湖，走出了杭州，她的足迹遍布大江南北，海南、黄山、厦门、桂林……旅游也同样丰富了她的家庭生活。A 的家里，到处都摆放着她从全国各地带回来的纪念品，记录着旅行中的点点滴滴，鱼缸里的海螺就是去年她从海南带过来的。不仅如此，她家的电脑上，也装满了照片，都是近几年她旅游过的地方。现在，旅游对 A 而言，即使不能说是家常便饭，也是隔三差五的消遣，算不得什么高端消费。用她的话来说，"我们现在生活条件好了，可以选择的地方多，我也舍得花钱了"。前不久 A 刚去了海南岛："在海滩上，各种精彩的休闲节目让我们目不暇接，几乎都想试一试，还特意花了 250 块钱去潜水。穿上租来的厚重的潜水服，我夹杂在一大群年轻人中，我的心情可好了，我可自信了。当深入海底的那一刹那，美丽的另类世界将我深深地折服，一股巨大的幸福感充满了我身体里每一个细胞。250 块钱虽然不多，但是我这么大年纪了，还能到海水里去泡一泡，我真是由衷地感到幸福和美好！"质朴的话语，却让人能真切地体会她在旅游中所获取的那份乐观、豁达的心态，难能可贵。A 说："现在我每年都要出去两次，我们家庭 6 万元的年收入中，有三成都花到了旅游上。最近我们还买了数码相机，扩大了电脑的容量，准备存放以后旅游拍的照片，把我走过看过的地方都记录下来，作为丰富人生的最大财富。"

今年国庆，A 出行之前可是被难住了，去了旅行社好几趟，还是拿不定主意，不是为钱，而是现在可以去的地方实在太多，每家旅行社少说也有 100 多条旅游线路，加上什么休闲旅游、自驾车旅游、自助旅游、亲子旅游、自由人旅游等等，真是让 A 难以取舍。而除了这个之外，A 还有苦恼的事情，不是没钱旅游，而是没人陪她去旅游。好在明年自己的丈夫就要退休了，他们约好明年一起去昆明，三峡……一起用余生游览祖国的大好河山。但是第一站要去的，却是北京。A 的丈夫解释说："我退休之后，我和我老伴时间更充裕了，第一站一定要到北京去，因为她出生在 49 年，与祖国同龄，所以，一定要带她到北京去一次。"A 的"旅游故事"并没有完结，但是，A 和祖国一起成长起来的这 55 年，我们却看到了我们的国家、我们的生活所发生的翻天覆地的变化。一路走来，我们有理由相信，今后的日子，必将更加美好！

附录7：实验3预调查问卷

下面呈现的是描述人的特质的一些词语。请认真思考这些词语所代表的特质是不是一个**有道德的人**所必须具备的，然后对他们的必要性作出评价。数字越大，代表该特质越应该是一个有道德的人所必须具备的。请在相应的数字上画"○"。

	绝对不必要				绝对必要
关爱的	1	2	3	4	5
有同情心的	1	2	3	4	5
公正的	1	2	3	4	5
友好的	1	2	3	4	5
慷慨的	1	2	3	4	5
助人的	1	2	3	4	5
勤劳的	1	2	3	4	5
诚实的	1	2	3	4	5
善良的	1	2	3	4	5

如果您认为还有些词语所代表的特质更应该是一个有道德的人所应该具备的，请在横线上列出，并对其必要性做出评价。

	绝对不必要				绝对必要
_____	1	2	3	4	5
_____	1	2	3	4	5
_____	1	2	3	4	5

后　记

在本书即将付印之际，我首先要感谢我的导师金盛华教授。在课题研究过程中，每当遇到困难时，金老师总以他深邃的思想、渊博的知识和独到的见解为我指点迷津、排忧解难。可以说课题的每一点细微进步都凝结着金老师的智慧和汗水。本书的出版是对金老师的最大回报！

还要感谢在课题研究过程中许多关心、指导和帮助过我的老师：邹泓教授、俞国良教授、张杰教授、刘力教授、寇彧教授、方平教授、方文教授、伍新春教授、周仁来教授、辛涛教授、刘儒德教授、姚梅林教授……特别感谢瑞士苏黎世大学心理学系的 Tanner 教授所提供的宝贵的参考文献；感谢辛志勇师兄对课题研究提供的建设性意见；感谢所有帮助我的同学和朋友！

本书的出版得到了中国青年政治学院的资助，感谢学校及科研处的领导将其列入出版计划。感谢中国社会科学出版社的李炳青编辑对本书的出版所付出的辛勤劳动。

最后，要尤其感谢我的家人。年近六旬的父母替我承担起了教育女儿的重任；妻子陈红敏女士在完成自身教学科研任务的同时，还不断给我鼓励；女儿的天真、活泼给我枯燥的课题研究带来了许多欢乐。这本书也要送给他们！

本书在撰写过程中参考引用了国内外研究者的大量学术成果和资料，在此一并表示感谢！囿于作者学识水平及时间限制，书中难免存在疏漏和错误，恳请专家学者批评指正！

赵　雷

2014 年 2 月